휴식 수업

섬마을 젊은 한의사가
알려주는 쉼의 기술

whale books

김찬 지음

힘겹게 달려오다 지쳐버린 당신에게

아주 옛날, 성인들이 백성을 가르칠 때 이렇게 말했습니다. "시간에 따라서 부정한 기운을 피하세요. 또한 마음을 깨끗하게 하고 고요하게 비워 참된 기운이 따르게 하여, 정신이 스스로의 몸을 지키도록 하세요."

그러니 어디서 병이 올 수 있었겠습니까? 마음이 한가롭고 욕심이 적어 두려울 것이 없었고, 노동을 하더라도 무리하지 않으니, 진기眞氣가 조화되어 각자가 원하는 대로 만족을 얻을 수 있었습니다.

모든 음식이 맛있고, 아무 옷이나 편안하게 입었으며, 각자의 환경에 만족하여 즐거움을 느끼고, 윗사람이나 아랫사람이나 서로 부러워하지 않았습니다. 백성들은 날이 갈수록 순박해져갔습니다. 그러니 욕망이 그들의 눈을 피곤하게 할 수 없었고, 음란한 것들에 마음을 빼앗기지 않았으며, 어리석은 사람, 지혜로운 사람, 어진 사람, 못난 사람 상관없이 자연과 사람에 관해서 두려움 없이 마주하였으니 이것이 도에 부합하는 것이었습니다. 따라서 나이가 백 살이 넘어서도 늙지 않고 건강한 것은 덕德을 지켜서 손상받지 않도록 하였기 때문입니다.

– 《황제내경》 중에서

안녕들 하십니까?

저의 직업은 한의사이고 저의 역할은 사람을 건강하게 하는 것입니다. 하지만 저에게 찾아오는 모든 이들이 구체적인 질병을 가지고 있지는 않습니다. 세계보건기구WHO는 '건강'을 "단순히 질병이 없고 허약하지 않은 상태만을 의미하는 것이 아니라 육체적·정신적·사회적 안녕이 완전한 상태"라고 정의합니다. 그래서 저는 질병이 아니라 '사람'을 바라보아야 한다고 믿습니다. 육체적·정신적·사회적으로 안녕하지 못한 사람들 말이지요.

몇 년 전, 많은 사람을 생각에 잠기게 했던 한 대학생의 대자보가 있었습니다. 그 제목은 〈안녕들 하십니까?〉였습니다. 그에 대한 긍정적 반응이나 부정적 반응, 그리고 정치적 논란은 당시 중요한 이슈가 되었습니다. 논란은 차치하더라도 이에 대답하는 대자보가 전국의 담벼락을 뒤덮었던 것을 떠올려보면 적어도 이 사회에 '안녕하지 못한' 사람들이 적지 않음은 분명해 보입니다.

이 책은 '쉼'에 대한 책입니다. 많은 책이 노력과 끈기, 긍정과 열정을 얘기하는 무한경쟁의 시대에 어쩌면 속 편한 얘기로 보일지도 모릅니다. 수많은 책이 말합니다. "나를 나약하게 하는 것들을 버려라. 꿈과 비전을 갖고 자기 자신을 믿으며 끝없이 노력해라. 그것이 성공하고 행복해지는 길이다." 이미 성공한 사람들의 간증과도 같은 이런 말들은 듣는 이가 자신을 더욱 채찍질하게 합니다. 더 모질게 노력하지 못하는 자신을 자책하게 만들기도 합니다.

저도 마찬가지였습니다. 아무것도 가진 것이 없던 시절, 노력만으로 일가를 이룬 우리 부모님들에게는 긍정적인 마음과 꿈, 노력이 삶에서 가장 중요한 가치였을 것입니다. 그런 영향을 받은 저 또한 그 가치들의 중요성을 배웠고 거기에 부합하지 못하는 사람을 보면 안타깝다고 생각했습니다.

그런데 마음에 답답함과 피로가 쌓여갔습니다. 제 자신이 건강하지 못한 상태라고 느끼기 시작했습니다. 중고등학교를 거쳐 대학을 졸업할 때까지 끝없는 경쟁의 연속이었고 대학을 마치고 나서도 마찬가지였습니다. 학교를 다니면서 품었던 의료인으로서의 자긍심과 사명감은 뒤로하고, 경쟁에서 살아남으려 필사적으로 몸부림치는 자신을 보았습니다. 감정을 억누르고, 더 노력하지 못하는 자신을 채찍질하며, 원하는 만큼 성과를 내지 못하는 나를 스스로 비난했습니다. 계속되는 우울감과 누군가 뒤를 쫓아오는 듯한 불안증을 겪었습니다. 때로는 의학서적에서도 보지 못한 통증을 겪기도 했습니다.

그러던 어느 날 다시 펴보게 된 것이 '양생학養生學'이었습니다. 그저 시험을 치르기 위한 과목으로 여겼던 그 책을 다시 폈을 때, 저는 놀라지 않을 수 없었습니다. 지금 나의 몸과 마음이 괴롭고 힘든 이유가 적혀 있었던 것입니다. 자신을 똑바로 바라보며 비워내고, 온전히 생명을 키워가며 한 명의 주체로 살았던 성인들의 오래된 지혜가 귀퉁이마다 아무렇지 않은 듯이 적혀 있었습니다.

'생명을 기른다'라는 의미를 담고 있는 양생은 예방한의학의 중요한 부분으로 인류의 건강에 오랫동안 기여해왔습니다. 또한 현대과학에 입각한 연구로 체계적이며 과학적인 학문으로 정착하는 과정에 있습니다. 하지만 그동안에는 마치 무협지 속 도사들이 하는 수행 방법처럼 여겨지거나 신비주의적인 측면만 부각되어왔습니다. 후대에 종교적 영향으로 다소 사변적인 이야기들이 끼어들기도 했지만, 양생의 본래 의미는 아주 명료합니다. 비워내고 휴식하라는 것입니다. 이때 휴식에는 마음을 다스리고 욕심을 비워 삶의 균형을 찾으며 자신의 삶을 똑바로 바라본다는 의미가 담겨 있습니다.

제가 그랬듯, 당신도 '휴식'을 통하여 인간성을 파괴하는 자기착취적인 삶을 치유하길 바랍니다. 불안과 두려움을 떨쳐내길 바랍니다. 욕망에 사로잡힌 내가 아닌, 온전한 주체로서 세상을 살아가는 데 이 책이 실천적 지혜가 되었으면 합니다.

목
차

3교시
밥상 수업

~~~~~~~~~~~~~~~~~~~~~~~

잘 먹는
태도에 관하여

4교시
습관 수업

~~~~~~~~~~~~~~~~~~~~~~~

잘 사는
태도에 관하여

피로는 당연한 것이 아니다

열정보다 강한
휴식

오늘날 우리는 자율적으로 노력하고 그에 따라 보상을 받는 성과사회에 살고 있습니다. 상층 계급이 하층 계급에 의무를 지우는 과거 봉건사회에서 개인을 옭아매던 규율, 불평등, 부자유는 상대적으로 어느 정도 사라졌습니다. 그런데 우리는 질문해봐야 합니다. 오늘날 과연 우리는 봉건사회에 비해 더 자유로워졌나요?

철학자 한병철 씨는 그의 저서에서 이 시대를 개인이 스스로를 착취하는 시대라고 진단했습니다. 끝없는 성실함과 활동성, 그리고 긍정적인 마음이 가장 큰 미덕이 된 현대사회에서 우리를 착취하는 것은 바로 우리 자신입니다. 긍정적인 마음과 활동성이 과잉되어 아무런 사색이나 고민 없이 모든 자극과 충동에 순종하게 되고 그것이 자기착취로 이어진다는 것입니다. '우리는 뭐든지 할 수 있다'라는 사회적 통념은 그렇지 못한 사람들을 패배자로 만들거나, 끝없는 자기착취로 내모는 또 다른 폭력이 되고 있습니다. 더욱 심각한 문제는 그 폭력의 희생자들이 스스로 자유롭다고, 끝없는 성실함과 활동성을 자신이 선택했다고 착각하는 것이지요. 마치 이유도 모른 채 끝없이 자극에 반응하는 실험실의 쥐처럼 말입니다.

| 적극적인 노력으로서의 휴식 |

어릴 적부터 끊임없이 '부지런함'의 중요성에 대해 교육받아왔고, 근면과 성실이 이루어낸 '한강의 기적'을 보고 듣고 자라왔으며, 지금도 신자유주의의 거대한 물결 한가운데에 있는 우리에게 '휴식'이란 나약해 빠진 소리라며 고개를 절레절레 흔들 사람도 물론 있을 것입니다.

하지만 2013년 12월 〈매경이코노미〉가 직장인 1,000명을 대상으로 한 설문조사 결과, 일에 몰두하던 사람이 극도의 피로감으로 인해 무기력해지는 증상을 일컫는 '번아웃 신드롬'을 느낀다고 응답한 사람이 무려 862명이었습니다. 말 그대로 '불타서 없어진다burn out'고 해서 이름 붙은 번아웃 신드롬은 소진消盡 증후군 혹은 연소 증후군이라고도 합니다. 이 같은 현실에서 이제 누군가는 이것이 분명한 병리적 상태라고 말하고, 이에 대한 치료와 대안을 이야기해야 합니다.

이 책에서 대안으로 제시하고자 하는 것이 바로 '양생養生'입니다. 양생이 현대인에게는 '휴식'과 같은 의미를 가진다고 앞서 말씀드렸습니다. 단순히 하던 일을 멈추고 아무 일도 하지 않는 소극적인 휴식이 아닙니다. 끝을 모르고 앞으로만 달려나가는 현대사회에서 나를 잃지 않고, 스스로를 해치지 않으며, 온전한 주체로 살아가기 위한 '적극적인 노력'이라는 의미의 휴식입니다.

┃ 생명을 안다는 것 ┃

양생은 직역하면 '생명을 기른다'는 뜻입니다. 한의학적 질병관을 나타내는 가장 핵심적인 단어로, 생명을 기르되 인체의 모든 기능이 정상적으로 유지되고 몸과 마음이 완전히 조절된 상태가 되도록 해서 병이 오기 전에 예방한다는 뜻을 담고 있습니다. 양생이란 단어가 문헌에 가장 처음으로 나타난 것은 《여씨춘추 절상편呂氏春秋 節喪篇》인데, "생명을 안다는 것은 생명을 해치지 않는 것이니 양생이라 일컫는다"라는 구절에서 언급되었습니다. 여기서 주목할 만한 것은 '생명을 아는 것'이라는 표현입니다. 생명을 알고 길러나가는 것이란 어떤 의미일까요? 이번에는 동양의학에서 가장 영향력 있는 의학서이자 고전인 《황제내경黃帝內經》의 시작 부분을 한번 보겠습니다.

황제가 기백에게 물었습니다. "내가 듣기에 아주 옛날 사람들은 모두 병들지 않고, 100세 넘도록 건강하게 살았다고 들었습니다. 그런데 요즘 사람들은 50세만 되어도 병이 듭니다. 시대가 달라서입니까? 아니면 사람이 장차 가야 할 길을 잃어버려서입니까?"

기백이 황제에게 대답했습니다. "그 시대의 사람들은 사람의 길을 알고 있었습니다. 음양의 법을 따라 구체적으로 실천했습니다. 먹는 것을 함부로 먹지 않았고 신체활동도 신중히 해서, 지나치게 애쓰며 자신을 착취하지 않았습니다. 그래서 몸과 정신(육체와 영혼)이 함께 성숙하여 천수를 누려도 그 끝이 없을 정도였습니다. 그러니 100세가 훌쩍 넘게 살다가 세상을 떠났습니다. 요즘 사람들은 그렇지가 못합니다. 술을 아무렇게나 마셔대고, 술에 취한 채로 성관계를 맺고, 욕심으로 그들의 정기를 마구 낭비하여 고갈시키고 있습니다. 피상적인 즐거움을 탐닉하는 데만 애쓰며 참되게 사는 즐거움을 거슬러, 절도가 없기 때문에 50세만 되어도 쉽게 병들고 늙어버리는 것입니다."

- 《황제내경》 중에서

어떻게 하면 질병이 없이 오래 살지에 대한 궁금증은 예나 지금이나 마찬가지였나 봅니다. 위 문답에서 나온 '사람이 가야 할 길'이란 표현은 여씨춘추에서 나온 '생명을 아는 것', 즉 양생과 같은 의미라고 할 수 있습니다. 《황제내경》은 기록으로 남은 동양 전통의학에서 가장 영향력이 큰 의학서로, 중국 신화의 전설적 인물인 황제와 그의 신하이며 천하의 명의인 기백岐伯의 의술에 관한 토론을 기록한 형태로 되어 있습니다. 2,200년 전에 편찬된 이 책을 중국뿐만 아니라 인접 국가들도

의학 발전을 위한 밑거름으로 삼았습니다. 중의학, 한국의 한의학, 일본의 캄포 의학Kampo medicine 같은 동아시아 의학부터 서양에 최근 대두된 대체의학까지 이 책에 기원을 두었다고 할 수 있습니다. 이렇게 중요한 의학서적의 첫머리에 나온 화두가 바로 양생이라는 점은 주목할 만한 사실입니다.

이제 지금부터, 황제와 기백이 문답을 나눴듯이, 생명을 아는 것이 무엇이며 오늘날 나를 잃지 않고 지키기 위해 어떻게 해야 하는지 현대의 언어로 풀어서 이야기해보려 합니다. 어떻게 보면 어려운 얘기이고, 어떻게 보면 뻔할 정도로 쉬운 얘기일 것입니다. 하지만 분명 재밌고 의미 있는 시간이 될 것이라 믿습니다. 그럼 시작합니다.

꾀병이 아니라
미병

뛰어난 의사는 질병이 생긴 후에 치료하지 않고, 질병이 생기기 전에 치료합니다. 어지러워진 후에 다스리지 않고 어지러워지기 전에 다스립니다. 질병이 이미 자리를 잡은 후에 약을 쓰는 것과 이미 혼란스러운 상태에서 다스리는 것은 비유해서 말하자면 마치 목이 마를 때 우물을 파는 것과 전쟁이 일어났는데 그때서야 무기를 만드는 것과 같습니다. 어찌 늦지 않겠습니까?

- 《황제내경》 중에서

"며칠을 쉬어도 피로가 회복되지 않고 항상 몸이 젖은 솜처럼 무거워요."

"저녁만 되면 얼굴에 열이 확 올라오면서 눈이 빠질 듯이 아파요."

"조금만 움직여도 얼굴에 땀이 줄줄 흐르면서 기운이 빠져요."

진료실을 찾아오는 환자들이 호소하는 다양한 증상입니다. 그리고 환자들은 마지막에 이런 말을 덧붙입니다. "검사상 수치는 정상이어서 병이 있는 건 아니래요." 이 가련한 환자들은 자신이 이렇게 불편하고 아픈데 정확한 병명이 없다는 이유만으로 마치 꾀병 취급을 받는 것에 대한 서러움을 토로하기도 합니다. 제가 이분들의 증상을 모두 고칠 수는 없지만, 다행히도 저에게 이들의 현재 상태에 대해 설명해줄 수 있는 도구는 있습니다. 바로 '미병未病'입니다.

미병이라는 용어의 어원은 《황제내경》의 '뛰어난 의사는 질병이 생긴 후에 치료하지 않고, 질병이 생기기 전에 치료한다是故聖人不治已病治未病'라는 구절에 있습니다. 미병이란 '병은 아니지만 신체적·정신적·사회적 이상 증상으로 인해 일상생활에 불편을 겪거나 검사상 경계역의 이상소견을 보이는 상태'를 의미합니다. 건강상태도 질병상태도 아닌 상태라는 의미로 '제3의 상태'라고 부르기도 합니다.

만약 이 책을 읽고 있는 당신도 이에 해당한다고 느끼신다면 제가 건넬 수 있는 한 가지 위로 아닌 위로는 현대사회에 이와 같은 상태에 있는 사람들이 매우 많다는 것입니다. 건강보험공단에서 공개한 2003년과 2010년 우리나라 국민의 건강검진 자료에 의하면, 질병을 가지지는 않았지만 검사 결과가 정상범위를 벗어나는 검진자('정상 B'라 표현)의 비율이 35%에서 62%로 크게 증가하였습니다.

또한 2013년 한국갤럽과 한국한의학연구원에서 우리나라 성인 1,101명을 대상으로 조사한 결과에 따르면 구체적 질병이 없는데도 피로, 통증, 수면이상, 소화이상 등의 불편 증상을 호소하는 사람의 비율이 47%였습니다. 높은 비율부터 피로(70.7%), 통증(30.8%), 분노(18.7%), 소화불량(18.3%), 우울감(17.3%), 수면장애(16.7%), 불안감(12.8%) 순이었습니다. 위의 정의대로라면 우리나라 성인 2명 중 1명은 미병 상태에 있다고 볼 수 있습니다.

국내 미병인 비율 증가 추이

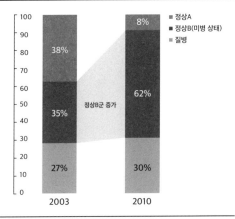

■ 정상A
■ 정상B(미병 상태)
■ 질병

source 생명공학정책연구센터 전문가 리포트, 2014
원 자료: 건강보험공단 2003·2010년 통계자료 재구성

2013년 국내 미병 증세 조사결과

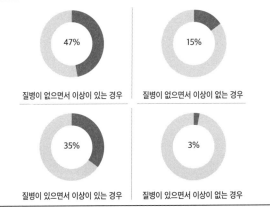

source 생명공학정책연구센터 전문가 리포트, 2014
원 자료: 2013 미병의 유병률 현황조사 결과, 한국갤럽&한국한의학연구원

미병에 대한 인식과 관심은 전 세계적으로 확대되고 있습니다. 중국은 2008년 초부터 국가 차원의 대대적인 미병 다스리기 건강 프로젝트治未病工程를 추진해 지역별로 많은 미병 센터를 운영하고 있습니다. 일본은 2003년 국제 노인병학회에서 미병을 'mibyou'라 명명하고, 미병시스템학회를 구성하여 이를 주축으로 미병의학 교과서를 발간하며 미병의학 인정의 제도를 시행하고 있습니다. 2016년에는 12월 17일을 '미병의 날'로 지정하기도 했습니다. 서양도 마찬가지입니다. 환자가 불편을 호소하지만 의학적으로 설명할 수 없는 상태를 'MUS Medically unexplained symptoms'라 지칭하고 진단·관리하려는 시도가 계속되고 있습니다. 최근 주목받고 있는 만성피로증후군, 섬유근육통, 과민성대장증후군, 일차성두통 등이 이 범주에 해당하는데 대부분 검사상 이상소견이 없기 때문에 이전에는 질병으로 잘 여겨지지 않던 것이었습니다.

| 아프니까 미병을 다스려라 |

우리나라 역시 한국한의학연구원을 중심으로 미병 연구와 미병 관리 프로그램에 대한 개발이 한창이지만 미병에 대한 사람들의 인식은 많이 부족한 실정입니다. 이 책에서 가장 말하고 싶은 것이 바로 이것입니다. 제목을 보고 이 책을 집어 들었을 당신이 겪고 있는 피로, 분노, 아픔은 당연한 것이 아닙니다. 당신이 청춘이라서 아픈 것도 아니고 시간이 지나면 저절로 나아진다고 볼 수도 없습니다. 질병이 오기 바로 전 단계임을 자각하고 적극적으로 양생을 통하여 다스려가야 합니다. 그래서 말하고 싶습니다. 아프니까 미병을 다스리라고.

집필을 시작하기 전 기획을 할 때부터 머릿속을 맴돌던 고민이 있었습니다. 현대인들이 겪고 있는 피로와 아픔, 그것을 유발하는 과잉된 활동성의 근본 원인은 사실 사회구조입니다. 경쟁을 유발할 수밖에 없는 구조와 분위기가 그렇고, 지금처럼 어려운 경제상황 속에서 가장들의 어깨에 지워진 짐의 무게도 그렇습니다. "내가 무리하지 않으면 우리 가족이 고통을 받는다"고 말하는 현대인들에게, 사회구조의 변혁 없이 개인적 차원에서 '내려놓음'의 가치에 대해 얘기하고 양생하라고 말하는 것이 과연 근본적인 대답이 될 수 있느냐는 물음이 계속 저를 따라다녔습니다. 하지만 사회구조에 대해 말하는 사람이 있다면 개개인의 건강과 안녕에 대해 말하는 의사도 있어야 한다고 생각합니다. 과잉된 활동성과 자기착취가 영원히 지속될 수는 없으며 언젠가는 당신의 몸과 마음을 부숴버리고 말 것이라는 것을 알기 때문에, 참 어려운 세상에서 어려운 마음으로 메시지를 전달하기로 했습니다.

《황제내경》의 구절을 굳이 들먹이지 않더라도 주변에서 끝없이 질주하듯 과로하다가 큰 병을 얻어서, 힘들게 일으킨 가정과 재산이 한순간에 무너지는 모습을 많이들 보셨을 것입니다. 사람들은 눈앞의 작은 손해를 감당하기보다는 언제 올지 아득해 보이는 재난을 선택하는 경향이 있습니다. 당장 욕심을 내려놓고 양생하는 삶의 태도를 가지면 처음에는 불안에 시달릴 수도 있고, 손해를 보는 듯한 느낌이 들지도 모릅니다. 하지만 일단 질병이 발생하면 이전의 건강상태로 돌아가기 어렵고 이전보다 더 많은 시간과 노력, 비용이 들게 됩니다. 그렇기 때문에 '아직 미병일 때 다스리라治未病'라는 말은 기회비용에 대한 이야기이기도 합니다.

홍삼 권하는
사회

현진건의 단편소설 〈술 권하는 사회〉는 1920년대 식민지 지배하 지식인들의 사회적 부적응을 다룬 작품입니다. 작품 속에서 동경 유학까지 다녀온 엘리트 남편은 날마다 밖에 나가 술을 마시고 고주망태가 되어 돌아옵니다. 아내는 취한 남편에게 "도대체 누가 이렇게 술을 권했는가?"라고 묻습니다. 남편은 "이 사회란 것이 내게 술을 권했다오!"라고 푸념합니다. 일제의 탄압 밑에서 많은 애국적 지성인이 뜻을 펼칠 수 없어 절망한 나머지 술에 찌들어 주정꾼처럼 지내지만 그 책임은 어디까지나 '술 권하는 사회'에 있다고 얘기하는 것입니다. 여기서 '술'에는, 사회가 지식인으로서의 뜻을 펼치지 못하게 억압하여 그저 취한 상태로 있게 한다는 의미가 담겨 있습니다.

지금의 사회는 1920년대와는 대조적입니다. 내가 배우고 익힌 지식과 능력을 펼치지 못하게 억압하는 주체는 어느 정도 사라졌습니다. 바깥에서는 "당신은 맘만 먹으면 뭐든지 할 수 있다!"라는 소리가 들립니다. 그리고 앞에서 말한 '술'과 정반대의 지점에 '홍삼'이 있습니다.

가히 사회현상이라 할 정도로 홍삼 열풍이 불고 있습니다. 홍삼 시장은 1조 원을 돌파한 지 오래고, 중장년층이나 노인 위주였던 매출이 2016년에는 20~30대까지도 두 배 이상 증가했습니다. 하지만 한의사의 눈으로 봤을 때 이 열풍은 조금 의아합니다. 홍삼과 인삼은 써야 할 사람에게 쓰면 매우 좋지만 결코 누구에게나 맞는 약재가 아닙니다. 다른 약재와 배합하여 다양한 증상에 사용하지만 약재 중에서도 약성이 강한 편이어서 적용되는 증상이 없을 때 단독으로 복용하면 여러 부작용을 일으킬 수도 있습니다. 누가 복용하더라도 더 무난하고 건강에 좋은 약재는 다른 것도 있을 텐데 왜 유독 홍삼만 이렇게 건강식품의 대명사처럼 여겨질까 의문이 생깁니다.

| '위로'의 탈을 쓴 폭력 |

저는 이 시대의 무분별한 홍삼 열풍에는 '더 힘내서 일하라'
는 의미가 담겨 있다고 생각합니다. 홍삼은 인삼을 쪄서 말려
보관성을 좋게 한 것으로 인삼의 약성을 그대로 가지고 있습
니다. 인삼은 가장 대표적인 보기약補氣藥, 즉 기운을 북돋아
주는 약입니다. 그런데 기운을 북돋아준다는 말은 누구나 힘
이 나게 해준다는 것이 아니라, 에너지대사가 저하되어 축 늘
어질 정도의 사람에게 작용한다는 뜻입니다. 이때도 물론 부
작용을 줄여주는 다른 약재를 함께 배합해 사용합니다. 다른
약재 없이 인삼 하나만 넣고 달인 탕약을 독삼탕獨蔘湯이라고
하는데, 이것은 지금으로 치사면 쇼크로 정신이 혼미하고 혈
압이 떨어져 급격하게 기운을 북돋아줘야 할 만큼 위중할 때
쓰는 약입니다. 이에 비추어볼 때 지금처럼 전문가인 한의사
의 진단 없이 아무나 묻지도 따지지도 않고 홍삼을 복용하는
것은 분명 오남용이라고 할 수 있습니다.

만약 홍삼의 효과가 기대되는 병이나 증상이 전혀 없는 사
람이 홍삼을 장기 복용한다면 어떻게 될까요? 1979년에 이
미 미국의사협회저널JAMA에서 인삼류 제품에 관한 위험성이

보고된 바 있습니다. 이른바 '인삼 오남용 증후군Ginseng Abuse syndrome'이라 하는 이 부작용에는 고혈압, 불면, 두통 등이 보고되었고 후속 연구들에서도 심장의 두근거림이나 답답함, 조증과 같은 부작용들이 많이 보고되었습니다. 모두 에너지대사가 과하게 항진되어 생기는 증상입니다. 에너지대사가 저하된 사람에게는 약이 되지만 그렇지 않은 사람이 인삼류 약재를 단독으로 전문가의 도움 없이 먹는다면 오히려 지나친 흥분 상태로 만든다는 것입니다.

에너지대사가 항진된 사람이 홍삼을 장기 복용하면 부작용이 생기듯이, 이미 진이 빠질 정도로 과로하여 괴로운 우리에게 때로는 힘내라는 말도 폭력적으로 느껴질 때가 있습니다. TV 속 홍삼 광고에서는 밥 먹듯 야근을 하는 직장인이 잠시 틈날 때 홍삼을 먹고 다시 힘을 내서 야근을 합니다. 하루에 8시간 넘게 공부를 한다는 학생에게 '공부는 체력'이라며 홍삼을 권합니다. 마치 위로를 건네는 듯하지만 이미 무리를 하고 있는데 '더 열심히 할 수 있으니 힘을 내라'며 자기착취를 부추기는 메시지처럼 느껴져 씁쓸합니다.

'건강기능식품'이라 이름 붙은 홍삼의 이 같은 선전은 의료인의 눈으로 볼 때, 개개인의 안녕을 뜻하는 '건강'보다는 더 열심히 일하는 능력인 '기능'만 강조하는 우리 사회의 모습을 닮은 듯합니다. 밥 먹듯 야근을 하는 직장인에게 필요한 건 홍삼보다는 휴식과 재충전을 통하여 창의성을 회복할 시간이 아닐까요? 8시간 앉아서 공부하는 학생이 홍삼을 먹고 12시간 공부하는 것보다는 진지한 사색과 성찰을 통해 '내가 공부를 하는 이유'에 대해 생각해보는 것이 그의 인생에 더 도움이 되지 않을까요?

누구를 위한
힐링인가

"자기야, 요새 자기도 스트레스 받고 답답하지? 이번 주말에는 우리도 경치 좋은 곳에 가서 힐링 좀 하지." 오늘은 아직 화요일이고, 당장 코앞의 일 폭탄이 기다리고 있긴 하지만, 지훈 씨의 가족은 멋진 주말을 보낼 생각에 들떠 있습니다. 힐링 여행지, 힐링 펜션 등의 검색어로 소셜커머스 앱을 한참 뒤집니다. '여긴 예약이 꽉 찼고, 여긴 우리 형편에 너무 비싸고…' 한참을 뒤진 끝에 그럭저럭 근사한 풀빌라 펜션을 찾았습니다. 멋진 분위기의 레스토랑도 예약했습니다. 어려운 주머니 사정에 좀 무리를 했지만 힐링을 위해서라면 이 정도쯤이야….

드디어 설레는 주말입니다. 그런데 우리나라에 차는 왜 이렇게 많은지, 평소라면 한 시간 반이면 왔을 거리를 세 시간 넘게 운전해 오니 휴가는 시작도 안 했는데 진이 빠집니다. 기대했던 숙소에 도착한 순간, 인터넷에서 봤던 사진 속의 모습과 실제 모습이 너무나도 다릅니다. 어떻게 이렇게까지 다른지 사진기술에 감탄이 나올 정도입니다. "그러니까, 돈 좀 더 쓰더라도 그때 봤던 거기로 예약하자고 했잖아"라며 짜증을 내는 아내에게 대꾸하다 또 말싸움을 할 뻔했습니다. 좀 억울하지만 참고 일단 식당부터 가기로 합니다. 그런데 식당은… 분위기는 멋진데 음식 맛은 영 짜고 달고 난리도 아닙니다. 부부는 어느새 말 없이 싸늘하고 묵묵하게 식사만 하고, 어린 아들은 엄마 아빠의 눈치를 보다가 결국 체하고 말았습니다. 다음 날 집으로 돌아오는 길, 돈은 돈대로 쓰고 뭔가 이것저것 한 것 같긴 한데 피로는 더 쌓인 느낌입니다. 지훈 씨는 '아무래도 돈을 좀 더 아낌없이 썼다면 내가 생각했던 근사하고 행복한 휴식이 됐을 텐데…'라고 생각하며 쓸쓸한 입맛을 다십니다.

당신도 위와 비슷한 상황을 경험해본 적이 있으신가요? 지훈 씨의 힐링 여행이 실패한 이유는 무엇일까요?

| 채워지지 않는 욕망의 함정 |

2010년대 초부터 유행한 '힐링'이라는 단어가 처음에 가졌던 의미는 다소 모호하고 넓었습니다. '열심히 일한 당신, 떠나라'라는 문구처럼 '그만 내려놓고 누리는 것'의 가치를 강조하기도 했고, 유명인이나 성공한 이들이 토크콘서트 등에서 좋은 말을 해주는 것을 의미하는 단어로 사용되기도 했습니다. 하지만 유행이 사그라들고 일상의 단어로 자리 잡은 지금, 힐링이라는 단어에는 껍데기만 남은 느낌입니다. 포털사이트에 '힐링'을 검색했을 때 나오는 것은 온통 힐링 여행지, 힐링 스파, 힐링 카페, 힐링 캠핑 등 소비 위주의 상품뿐이고 실제 대화에서의 용례도 이와 비슷해졌습니다.

피로에 지친 현대인이 일의 무게를 내려두고 행복을 얻겠다는데 왜 껍데기만 남았다고 폄하하느냐고 누군가는 항변할지도 모르겠습니다. 하지만 적어도 지훈 씨나 위의 용례에서 힐링이 지향하는 것은 수동적인 쾌락에 불과하기 때문에 한계가 매우 뚜렷합니다. 여기서 말하는 수동적 쾌락이란 능동성을 요하지 않는 욕망의 충족을 뜻합니다. 내 안에 쌓인 상처와 피로를 나의 힘으로 직접 들여다보고 치유하려 하지 않고 외부의 물질이나 서비스가 치유해줄 것이라고 기대하는 것입니다. 앞서 현대인들이 아프고 피곤한 이유의 상당 부분이 자기착취에 있다고 말했습니다. 자기착취는 욕망에서 기인합니다. 그런데 그것을 치료할 수단을 수동적 쾌락에서 찾는다면 결국 욕망에서 또 다른 욕망으로 옮겨갈 뿐이지 않을까요? 지훈 씨는 스스로 '나는 일만 바라보고 사는 현대인과 달리 삶을 누릴 줄 아는 사람이야'라고 생각할지도 모르지만, 욕망의 논리를 기계적으로 따른다는 점에서 그의 삶의 양식 역시 본질적으로는 그가 비판하는 현대인과 다를 게 없어 보입니다.

프랑스 유물론의 대표자 라 메트리La Mettrie는 이런 쾌락이 뭐가 나쁘냐며 감각적 쾌락을 인생의 목적으로 제시하기도 했습니다. 그는 심지어 환각제가 행복의 환상을 일으킬 수 있다며 복용을 권장하기까지 했습니다. 하지만 그는 인간의 감각적 쾌락이 점점 더 큰 것을 요구하는 속성이 있다는 점을 간과했습니다. 그래서 에리히 프롬Erich Pinchas Fromm은 "자극이란 수동적인 것일수록 그 강도나 종류 면에서 잦은 교체를 필요로 한다"고 말했습니다. 약물에 빗대어 표현한다면 이런 것을 '탐닉성'이라고 하지요. 어떤 이가 멋진 대형차를 타면 사람들이 나를 성공한 사람으로 보고 나는 더 행복해질 것이라 생각해 열심히 돈을 모아서 드디어 차를 샀습니다. 하지만 새로 산 자동차가 주는 기쁨은 찰나일 뿐, 내 옆을 쌩하고 지나가는 외제 스포츠카를 본 순간, 그의 욕망은 더 크게 생겨납니다. 마치 바닷물을 아무리 들이켜도 갈증이 해소되기는커녕 목이 더 말라오기만 하는 것과 같습니다. 정신이 아득해지고 자아가 희미해지는 순간에서야 깨닫습니다. 애초에 나의 목마름은 그 바닷물 때문에 시작된 것이었습니다.

이쯤 하면 '우리보고 득도를 하라는 것도 아니고 일상에서 벗어나 새로운 활력도 얻고 하면 좋은 거지, 너무 오버하는 것 아니냐'고 볼멘소리를 하실지도 모르겠습니다. 물론 이해합니다. 지루한 일상에서 벗어나 평소 경험하지 못하는 시간을 보내다 보면 그 자체만으로 새로운 영감과 생각의 기회가 생기기도 합니다. 그것마저 폄하해서는 안 되겠지요. 다만 제가 강조하는 것은, 새로운 환경과 경험을 계기로 하더라도 스스로의 능동적 변화 없이 수동적 욕망만 충족한다면 그것은 결코 우리의 피로를 치료해줄 '근본적인' 대책이 될 수 없다는 것입니다. 그러니 이 사실을 인지하고 경계하자는 것입니다. 이제는 나에게 본래 없던 것으로부터 위로를 찾기보다는 용기를 내서 내 마음을 들여다보기 시작해야 합니다. 그렇게 내 본래 모습을 조금씩 찾기 시작한다면 그것이 진짜 치유의 시작이라고 저는 생각합니다. 그렇다면 나의 내면을 들여다보고 내 진짜 모습을 찾기 위해 구체적으로 무엇을 해야 할까요?

잘 다스리는 태도에 관하여

나를 속이지 말고
주변에 휘둘리지 말기

밝은 덕을 천하에 밝히고자 하는 자는 먼저 그 나라를 다스리고, 그 나라를 다스리고자 하는 자는 먼저 그 집안을 가지런히 하고, 그 집안을 가지런히 하고자 하는 자는 먼저 그 몸을 닦는다.

– 《대학大學》 중에서

'수신제가치국평천하修身齊家治國平天下.' 이제는 너무나 유명해져버린 구절입니다. 그만큼 많은 책과 강연에서 인용되었죠. 마지막의 '修身(몸을 닦는다)'이라는 단어에 집중해서 많은 사람들이 이 구절을 '이 시대에 훌륭한 리더가 되려면 철저한 자기관리와 자기계발이 선행되어야 한다'는 의미로 인용하기도 합니다. 원래 고전은 후대에 계속 재해석되며 쓰는 사람의 의도에 끼워 맞추어지는 경향이 있지만, 이 글이 단지 그렇게만 해석되고 끝나기에는 아쉬움이 많습니다. 왜냐하면 뒤에 이어지는 말이 더 있기 때문입니다. 이 구절을 자기계발의 중요성으로 해석하는 사람들치고 그다음 구절을 아는 사람을 저는 보지 못하였습니다. 바로 성의誠意와 정심正心입니다.

그 몸을 닦고자 하는 자는 먼저 그 마음을 바르게 하고, 그 마음을 바르게 하고자 하는 자는 먼저 그 뜻을 성실히 한다.

이제 그 뜻을 자세히 한번 살펴봅시다. 먼저 '뜻을 성실하게 한다'는 뜻의 성의에 대하여 성리학을 확립시킨 주자朱子는 "스스로 속이지 않는 것이다"라고 말했습니다. 어떤 대상에 대해 실제로 생각하고 느끼는 것을 남의 이목에 따라서 다르게 얘기하지 않고, 그대로 표현한다는 것입니다. 달리 말하면 스스로를 속이는 자는 남이 보지 않을 때는 악행을 하다가 훌륭한 사람을 만나면 겸연쩍어서 악행을 숨기고 선한 척을 하는 사람입니다. 이들은 남의 시선에 따라서 자신의 행동을 달리합니다.

다음으로 '마음을 바르게 한다'는 뜻의 정심에 대하여 주자는 이렇게 설명했습니다. "마음에 대해 살피지 않으면 욕심이 동하고 감정이 치우쳐 마음이 올바른 상태를 잃기 쉽다." 마음을 바르게 하지 못하는 자는 자신의 감정에 휘둘리는 사람입니다. 분노, 두려움 등의 감정이 지나쳐 평정을 놓친다면 올바른 상태를 유지할 수 없고, 그렇기 때문에 수신을 올바로 하려면 마음부터 바로잡아야 한다고 한 것입니다.

즉, 남의 이목에 따라 모습을 바꾸는 간사한 사람이 아니라 자신을 속이지 않고 그대로 표현할 수 있는 사람이 되는게 먼저이고 그다음으로 분노, 두려움 등의 감정과 욕심에 휘둘리지 않는 사람이 되는 것, 이것이 유학에서 말하는 이상적 인간이 되는 길입니다.

그렇습니다. 유학의 핵심 사상을 담고 있는 대학의 이 구절은 본디 마음을 다스리고 인격을 수양하는 태도의 중요성을 얘기하는 구절이었습니다. 그렇다면 구체적으로 어떻게 마음을 다스리고 닦고 길러야 할까요?

| 퇴계가 사랑한 책,《활인심방》 |

최근 책에 담긴 글을 손글씨로 그대로 옮겨 적는 필사책이 인기를 끌고 있습니다. 서점 베스트셀러 코너에 줄곧 상위권을 차지할 정도입니다. 현대인들은 손으로 천천히 글씨를 옮겨 적으면서 마음의 위로를 얻기도 하고, 살아가면서 가슴에 꼭 새길 만한 구절을 음미하기도 합니다. 우리 민족의 정신적 지주라 불리는 퇴계 이황 선생도 이렇게 필사를 해서 두고두고 볼 만큼 사랑한 책이 있었습니다. 바로 중국 명나라 주권이 저술한 《구선활인심법》입니다. 퇴계는 이 책을 손수 필사하고 주석을 달아 《활인심방活人心方》이라 이름 지었습니다. 이 책은 마음 위주의 양생법을 설명하고 있는 양생서입니다. 마음이 모든 병의 근원이니 마음을 다스리는 것이 병에 걸리지 않고 건강을 지키는 길임을 얘기합니다.

그런데 조금 의아한 점이 있습니다. 《구선활인심법》에서 얘기하는 양생법들은 도교사상에 기반한 것이고 저자인 주권 역시 '현주 도인'이라 불리던 사람이었습니다. 당시 조선은 유학을 숭상하여 도교를 학문적으로 배척했고 퇴계 역시 마찬가지였습니다. 그런데도 《활인심방》을 필사하다니 신기한 일입니다. 아마도 퇴계는 마음이 몸을 주재하기 때문에 마음을 닦음으로써 가정과 나라를 다스린다는 유학의 이념을 실현하기 위해 성의와 정심에 대한 고민을 계속했을 것입니다. 그런데 《구선활인심법》이 양생서들 중에서도 마음을 다스리는 것의 중요성을 강조한 책이기 때문에 통하는 바가 있었겠지요. 또한 퇴계가 이미 젊은 시절부터 지나치게 많은 독서와 공부로 건강이 좋지 않았던 것도 한몫했을 것입니다. 많은 기록을 통해서 그가 젊은 시절부터 여러 가지 병적인 고통에 시달렸음이 드러납니다. 그래서 《활인심방》을 자신의 건강을 관리하기 위한 지침서로 삼았을 것입니다. 퇴계에게 정신 양생은 유학에서 말하는 이상적 인간에 도달하기 위한 노력이자 자신의 생명을 기르고 몸과 마음을 다스려 건강을 유지할 수 있는 '실천적 지혜'였습니다.

그런 노력 덕분인지 퇴계는 조선 성리학의 기틀을 다진 인물로 평가받으며 그의 인격적인 면모 역시 후손의 모범이 되었습니다. 또한 학문 연구에 엄청나게 몰두하느라 스스로 잔병이 많았다고 탄식했음에도 불구하고 그 시절로는 드물게 70세까지 장수하였습니다. 또한 그가 남긴 《활인심방》은 500년 가까이 가문의 자손들에게 전해지며 집안의 건강 지침이 되었습니다. 15대 종손 고故 이동은 옹이 99세가 되던 2007년 백수연 白壽宴 때 다시 많은 언론매체의 관심을 받으며 세인들의 귀감이 되기도 했습니다.

'중화탕中和湯' 제조법에 대해 알아봅시다. 《활인심방》에서는 중화탕을 이렇게 설명합니다. "의사가 치료하지 못하는 일체의 질병을 치료한다. 이를 복용하면 원기를 지키고 나쁜 기운이 침입하지 못하여 만병이 발생하지 않고 오랫동안 평안하게 장수할 수 있다." 여기서 '의사가 치료하지 못하는 병'이란 마음의 병을 가리킵니다. 마음의 병과 그것에서 비롯된 신체의 병은 의사의 도움을 어느 정도 받더라도 결국 스스로 다스려야 한다는 뜻입니다. 또 우리가 다스리지 못하는 마음이 직간접적으로 병의 원인이 된다는 의미도 있습니다. 중화탕에 들어가는 30가지 약재는 다음과 같습니다.

1. 思無邪(사무사) : 생각에 간사함이 없다.

2. 行好事(행호사) : 좋은 일을 실천한다.

3. 莫欺心(막기심) : 자기 마음을 속이지 않는다.

4. 行方便(행방편) : 적절하게 행동한다.

5. 守本分(수본분) : 자신의 본분을 지킨다.

6. 莫嫉妬(막질투) : 시기하고 질투하지 않는다.

7. 除狡詐(제교사) : 교활하게 속이지 않는다.

8. 務誠實(무성실) : 성실하도록 힘쓴다.

9. 順天道(순천도) : 하늘의 뜻에 순응한다.

10. 知命限(지명한) : 운명의 한계를 이해한다.

11. 淸心(청심) : 마음을 맑게 한다.

12. 寡慾(과욕) : 욕심을 줄인다.

13. 忍耐(인내) : 참고 견딘다.

14. 柔順(유순) : 부드럽고 순하다.

15. 謙和(겸화) : 겸손하고 조화롭다.

16. 知足(지족) : 만족할 줄 안다.

17. 廉謹(염근) : 청렴하게 삼간다.

18. 存仁(존인) : 따뜻하고 인자한 마음을 보존한다.

19. 節儉(절검) : 절약하고 검소히 한다.

20. 處中(처중) : 치우치지 않고 중심을 잡는다.

21. 戒殺(계살) : 살생을 함부로 하지 않는다.

22. 戒怒(계노) : 성내는 것을 조심한다.

23. 戒暴(계포) : 사나워지는 것을 경계한다.

24. 戒貪(계탐) : 탐욕을 경계한다.

25. 愼篤(신독) : 마음을 참되게 하고 돈독하게 한다.

26. 知機(지기) : 변화의 기미를 안다.

27. 保愛(보애) : 보호하고 사랑한다.

28. 恬退(염퇴) : 물러날 때가 되면 편안히 물러난다.

29. 守靜(수정) : 평정심을 지킨다.

30. 陰櫛(음즐) : 남모르게 선행을 한다.

《활인심방》은 "이상 30가지 약재를 잘 씹어서 가루로 만들고 심화(몸의 양기) 1근과 신수(몸의 음기) 2주발을 사용하여 약한 불로 반 정도에 이를 때까지 달여 놓고 끊임없이 살피면서 시간이나 계절에 걸림 없이 언제든지 따뜻하게 마신다"라고 조언합니다.

욕망을
밀고 당기기

앞에서 우리가 양생하는 데 첫 번째로 선행되어야 할 것이 마음을 다스리는 일이라고 했습니다. 그렇다면 우리가 마음을 다스리는 데 가장 방해가 되는 것은 무엇일까요? 다르게 말해, 우리의 시끄럽고 요동치는 마음을 고요하게 하려면 무엇을 가장 경계해야 할까요?

저는 '욕망'이라고 생각합니다. 지나친 욕망은 우리의 정신을 소모시킬 뿐 아니라 우리를 끝없이 바삐 움직이게 하며 몸도 소진시킵니다. 노자는 "입을 닫고 귀를 막으면 평생 수고롭지 않을 것이다"라고 말했고, 장자는 "귀로 듣지 말고 텅

빈 마음으로 사물을 대할 때 마음을 다스릴 수 있다"라고 말했습니다. 모두 마음을 비워내는 것을 강조하고 그러기 위하여 눈과 귀 같은 감각기관을 통해 욕망이 외부로 향하지 않도록 경계하라고 말한 것입니다. 도가에서 사상적 영향을 받은 양생가들 역시 외부로 향하는 탐욕을 없애고 마음을 비워내는 것을 양생의 중요한 과제라고 보았습니다.

하지만 모든 욕망을 없애야 한다는 말은, 현대인들이 당장 실천하기에는 비현실적입니다. 또한 기계적으로 모든 욕구나 욕망을 참는 것은 또 다른 부작용을 야기할지도 모릅니다. 우리에게 지금 필요한 것은 당장 모든 욕망을 없애는 것이 아니라 내가 쫓고 있던 욕망의 정체가 무엇인지 이해하는 일입니다.

| 나의 욕망은 타자의 욕망이다 |

프랑스의 정신의학자 자크 라캉Jacques Lacan은 "나의 욕망은 타자의 욕망이다"라고 말했습니다. 쉽게 말하면 인간이 자신의 욕망이라고 믿는 것은 대부분 타인이나 사회로부터 주입받은 것이라는 뜻입니다. 아이가 태어났을 때 아이에게는 어머니가 세상의 전부입니다. 배가 고프면 젖을 주고 똥오줌을 싸면 기

저귀를 갈아주는 등 나에게 필요한 모든 것을 제공해주는 존재이자 사랑과 교감을 주고받는 존재입니다. 그래서 아이는 자신과 어머니가 하나가 되어 있다고 믿습니다. 아직 다른 욕망을 찾지 못한 아이는 자신의 정체성을 찾아가는 과정에서 어머니의 욕망을 자신의 욕망으로 생각합니다. 그래서 인간이 가지는 욕망은 처음부터 타자의 욕망이었습니다.

그렇게 사람들은 세상에 태어났을 때부터 자신을 둘러싼 대상들과 관계를 맺으면서 계속해서 타자의 욕망을 주입받습니다. 그 욕망들은 부모가 좋아하는 행동일 수도 있고 부모가 아이에게 바라는 규범이나 질서일 수도 있습니다. 부모님 말을 잘 듣는 착한 아이가 되어야 한다거나 음식을 남겨서는 안 된다는 규범들은 아이를 둘러싼 세상이 아이에게 바라는 것, 즉 타자의 욕망이지요. 자라면서도 마찬가지입니다. 선생님은 아이에게 좋은 대학을 가야 훌륭한 사람이 돼서 행복해진다고 주입하고 아이는 그것을 자신의 욕망이라 믿기 시작합니다. 성인이 돼서 배우자와 자식들이 나에게 바라는 것 역시 마찬가지입니다. 거기서 그치지 않습니다. 현대에는 사회 자체가 개인에게 아주 교묘하게 욕망을 주입합니다. TV 속에서 멋진 배경음악과 함께 배우가 들고 있는 가방, 타고 있는 차를 볼 때 우리는 그것을 욕망한다고 착각합니다. 물론 그것은 광고를 기획한 사람이 우리에게 주입하기 위해 치밀하게 설계한 것입니다.

타자의 욕망을 따르는 게 무조건 나쁘다고 할 수는 없습니다. 애초에 욕망의 본질적 속성이 그렇기도 하고 타자의 욕망 그 자체는 나쁜 것도 좋은 것도 아닙니다. 그저 원래 내 것이 아니었을 뿐이지요. 타자의 욕망은 윤리 질서나 규범의 형태로 한 개인이 사회에 순응하고 체계 안에서 살아가기 위해 반드시 필요할 때도 있습니다. 하지만 문제는 타자의 욕망을 고민 없이 받아들일수록 '나'의 존재는 점점 사라져간다는 것입니다. 타자로부터 인정받는 것만이 나의 행복이고 타자의 욕망이 내 욕망이라고 착각하면 할수록 주체인 '나'는 점점 소외되어갑니다.

양귀자의 단편소설 〈한계령〉에는 그렇게 자신을 소외시켰던 남자에 대한 이야기가 나옵니다. 이 남자는 일곱 남매의 장남입니다. 아버지가 돌아가신 후 그는 여섯 동생들을 먹여 살리는 것이 삶의 주목적이었고 가장 노릇을 하며 가족을 부양

했습니다. 자신이 책임져야 했던 '대가족의 생계'는 그가 이를 악물고 버텨야만 했던 삶의 이유였습니다. 그러나 동생들이 모두 자립하여 자리를 잡고 더 이상 자신이 그들에게 필요하지 않게 되자 그는 삶의 의욕을 잃었습니다. 진이 빠진 사람처럼 늘 멍하니 있고 매일을 술로 보내며 남은 건 허망함뿐이라고 한탄합니다. 그의 인생에서 욕망은 늘 타자, 즉 가족의 것이었습니다. 가족이 잘되도록 가장의 역할을 하는 것만이 그의 삶이었습니다. 그렇게 그는 소외되고 작아지다 작은 점이 되었습니다. 그리고 삶의 목표였던 타자의 욕망이 다 실현되었을 때 그는 자신을 이미 잃어버린 지 오래였습니다. 그의 삶은 가족에게는 매우 숭고하였을지 몰라도 개인에게는 비극이었습니다.

| 너의 욕망을 포기하지 말라 |

저는 지금 정신양생에서 욕망이 어떤 의미를 가지는지 얘기하고 있습니다. 단순히 '타자의 욕망은 주입받은 것이라서 나쁘니 주체적인 삶을 살라'는 이야기가 아닙니다. 소설 〈한계령〉의 예를 보듯이 타자의 욕망을 실현하는 일도 이타적이고 숭고할 수 있습니다. 공부를 열심히 해서 훌륭한 사람이 되라는 어머니의 말은 타자의 욕망일지라도 절대적인 선의일 수 있습니다. 또한 어떤 누구도 사회의 일원으로 살면서 타자의 욕망을 완전히 배제한 채 살 수는 없습니다.

중요한 것은 나의 주체적인 욕망과 타자의 욕망이 뒤범벅된 마음속에서 결코 '나 자신'을 잃어버리지 않아야 한다는 것입니다. 그래서 라캉은 말했습니다. '너의 욕망을 포기하지 말라'라고요. 나에게 주어진 타자의 욕망을 조금씩 내려놓으면 역설적으로 나 자신의 욕망을 포기하지 않고 지키게 됩니다. 여기서 말하는 나의 욕망이란 쾌락이나 즐거움 같은 정념적인 것이 아니라 '나'라는 존재의 회복을 말합니다. 라캉은 이것을 '순수욕망의 윤리'라고 말했습니다. 타인이 그동안 나에게 주입해왔던 강요된 욕망에서 벗어나 나의 존재란 무엇이고 내가 진정 무엇을 원하는지, 진지한 고민과 성찰을 절대로 포기하지 말라는 것입니다.

그런데 타자의 욕망을 내려놓고 순수욕망을 지키기가 쉽지는 않습니다. 그것은 속세를 저버리고 산으로 들어가는 것 같은 낭만적이고 평화로운 일이 아닙니다. 현대인에게 그것은 때로는 우리를 둘러싼 세상과의 밀고 당기는 줄다리기이자 투쟁입니다. 5·18 광주민주화운동을 다룬 강풀의 만화 《26년》에는 이런 투쟁을 하는 사람의 이야기가 나옵니다.

최 형사_ 이봐, 문 목사. 아무 죄나 대보란 말이오. 버티지 말고…. 도대체 왜 이렇게까지 하는 것이오?

문 목사_ 그럼 자네는 뭘 위해서 이렇게까지 하나?

최 형사_ 나는 국가를 위해서 일하고 있소! 국가를 위해 옳은 일이오! 당신은 왜 이리 힘든 길을 가는 것이오? 당신이 목사면 목사답게 그저 착하게 살면 되는 것 아니겠소?

문 목사_ 허허. 착하게 사는 거 좋지. 그런데 착하게 사는 거랑 올바르게 사는 거랑은 다른 것 같아. 남들이 하자는 대로, 그게 틀린 것 같아도 그저 반대하지 않고 하자는 대로 하면 착하다는 말을 듣게 되지. 착하게 사는 것은 생각보다 쉽네. 올바르게 사는 것이 어렵지. 지금은 착하게 사는 것보다 올바르게 사는 게 맞는 것 같아.

문 목사는 민주화운동을 하다 잡혀서 고문을 당하는 사람이고 최 형사는 그를 고문하고 취조하는 형사입니다. 이 대사에서 보듯이 최 형사가 자신의 일을 하는 이유는 '국가'라는 타자의 욕망 때문입니다. 국가가 주입한 욕망을 자신의 욕망이라고 믿고 있으며 단 한 번도 그것이 옳은지, 진짜 나의 욕망인지 비판적인 고민을 해본 적이 없습니다. 그에게 대답하는 문 목사의 대사에서 우리는 '자신의 욕망대로 사는 것'의 어려움을 깨닫게 됩니다. 착하게 산다는 것은 타자의 욕망을 따르는 것입니다. 어릴 적 부모의 욕망을 잘 따르면 착한 아이라는 이야기를 듣는 것처럼 그것은 규율에 순응하는 태도를 의미하기도 합니다. 하지만 문 목사에게 올바르게 산다는 것은 타자의 욕망이 어떻든 간에 자신이 옳다고 믿는 것을 행하는 것입니다. 즉 자신의 순수욕망을 따르는 것입니다. 문 목사의 말처럼 그것은 쉽지 않은 일입니다. 이때 타자는 나에게 기대를 거는 가족, 직장, 국가와 같은 세상입니다. 이처럼 자신의 순수한 욕망을 따르고자 하는 것은 때때로 세상과 격렬한 마찰을 일으키기도 합니다.

　　말씀드리고 있는 내용이 어렵지는 않은지 고민입니다. 제가 단순히 '정신양생을 하려면 도인처럼 모든 욕망을 내려놓으면 된다'고 말하면 아주 쉽고 명쾌한 책이 될지도 모르겠습니다. 하지만 양생이란 좁은 의미로는 나의 생명을 기르고 오래 살기 위한 수단을 의미하지만 넓게는 자기 자신을 잃지 않고 주체로 살며 나의 '삶'을 기른다는 의미도 됩니다. 어찌 됐건 우리는 이 사회에서 살아가야 합니다. 끊임없이 새로운 욕망을 만들어내어 우리에게 주입하는 이 사회에서 우리가 자신의 욕망과 타자의 욕망을 구분하는 것은 계속해서 쉽지 않을 것입니다. 그리고 당신과 저는 이 세상과 욕망을 두고 끊임없이 줄다리기를 할 것입니다. 제가 무엇이 옳은 삶이라고 쉽사리 정의를 내릴 수는 없습니다. 그저 제가 드리고 싶은 말은 단 한 가지뿐입니다. 그 줄다리기 속에서 절대로, 당신을 잃지 마시길 바랍니다.

질
／
문
／
해
／
보
／
기

당신의 마음 속에는 어떤 욕망들이 있나요? 그 욕망이 언제 어디에서 어떻게 생겨났는지 차분히 생각해봅시다.

1. 내가 평소에 욕망하고 있다고 생각하는 것들을 아주 사소한 것부터 거창한 것까지 생각나는 대로 자유롭게 적어봅시다.

2. 나의 마음속에 있는 욕망들이 본래 나의 욕망인지 사실은 타자의 욕망인지 칼로 무 자르듯 구분하는 것은 불가능하지만 다음처럼 선을 그었을 때 대략 어느 정도에 위치하는지는 생각해볼 수 있습니다. 점으로 찍어서 표시하고 내용을 적어봅시다.

나의 욕망 ◄─────────────────────────────────► 타자의 욕망

3. 점들이 한쪽으로 치우쳐 있다고 느끼시나요? 만약 균형이 맞지 않는다면 나와 나를 둘러싼 세상과의 마찰을 감수하고서라도 균형을 잡을 필요가 있다고 느끼시나요?

4. 균형을 잡을 필요가 있다고 느낀다면 그를 위해 어떻게 용기를 내야 할까요? 또 어떻게 해야 나와 세상의 마찰을 최소화할 수 있을까요?

화를
바라보기

우리가 타인이나 어떤 상황에 노여운 감정을 품거나 그것을 표현할 때 '화가 난다' 혹은 '화를 낸다'고 합니다. 이런 화火에 대한 문자적인 해석은 한자문화권의 공통적인 특징입니다. 이것은 불의 여러 가지 속성을 반영한 것입니다. 분노하는 감정이 불처럼 빠르고 강하게 타오르는 특성, 불이 위로 올라가듯이 기운을 위로 올리는 속성, 불이 물질을 태우듯 신체를 소진시키는 특성을 가졌기 때문입니다. 분노는 한의학에서 말하는 일곱 가지 정서인 칠정七情, 즉 분노·기쁨·생각·걱정·슬픔·공포·놀람 중의 하나입니다. 칠정은 그 자체로는 좋고 나쁠 게 없는 정상적인 정서들입니다. 인체가 외부 환경의 각종 자극에 적응하기 위해서 나타내는 정신반응일 뿐입니다.

이 중에서 분노는 생존본능과 연관이 있습니다. 우리는 누군가가 우리의 입지를 위협한다거나 생존과 관련된 무언가를 빼앗아갈 때 분노를 느낍니다. 당신이 원시인이라고 생각해봅시다. 원시인으로 살면서 가장 분노할 일은 식량처럼 생존과 관련된 것을 남에게 빼앗길 위협을 느꼈을 때입니다. 현대에서 예시를 들어본다면 운전 중 일어나는 로드 레이지Road rage가 있습니다. 1984년 LA타임스에 처음 등장한 로드 레이지는 LA 주변 고속도로에서 총기 발사 사고가 많이 벌어지면서 정착된 단어입니다. 평소에는 순한 사람도 운전대만 잡으면 난폭해지는 경우가 많은 것을 지칭하는 단어입니다. 운전자라면 누구나, 위험하게 끼어들거나 차선을 변경하는 차를 보고 분노한 경험이 있으시죠. 이럴 때 나의 생명을 지키기 위하여 몸은 노르아드레날린이라는 호르몬을 분비합니다. 노르아드레날린은 순간적으로 신체를 강하게 만드는 호르몬이라고 할 수 있는데, 싸우거나 도망갈 수 있도록 심박수를 증가시키고 근육으로 가는 혈류를 강하게 합니다. 즉 생명이나 나의 입지를 위협받는 상황에서 분노란 자신을 보호하기 위한 것입니다.

현대사회를 사는 사람들이 더 자주, 쉽게 분노하는 이유는 그만큼 자신의 생존본능을 많이 위협받는 데 있다고 할 수도 있습니다. 과거보다 우리는 풍족해졌고 굶어 죽을 걱정을 하는 경우도 많이 없어졌지만 오히려 생존에 대한 강박은 점점 강해지고 있는 것입니다. 경쟁에서 도태되면 낙오자가 돼서 생존에 위협을 받을 것이라는 사회적 인식을 계속 주입받으며 자라왔기 때문입니다. 그런 분위기는 우리의 생존본능을 점점 날카롭게 하고 늘 곤두서 있게 만듭니다. 그래서 더 쉽게, 자주 분노하게 만듭니다.

| 분노가 분노를 부를 때 |

이런 분노가 나의 조절 범위를 넘어가는 순간부터 문제가 됩니다. 그리고 원시사회와 달리 문명화된 사회에서는 지나치게 화를 내거나 쉽게 조절하지 못하면 자제력이 없는 사람, 혹은 집단을 해칠 사람으로 여겨집니다.

개인의 측면으로 봤을 때도 마찬가지입니다. 한의학의 칠정은 앞서 말씀드렸듯 그 자체로는 좋지도 나쁘지도 않지만 지나칠 경우에는 모두 몸을 손상시킵니다. 그중에서도 분노는 가장 심각합니다. 불이 화르륵 타오르듯이 반응에 대한 증상이 가장 즉각적이고, 심각한 경우로까지 연결될 수도 있기 때문입니다. 한의학에서 말하는 박궐증薄厥證이 대표적입니다. 박궐증은 크게 분노하고 나서 갑자기 쓰러지는 것으로 현대의 뇌출혈에 해당합니다. 이뿐만 아니라 계속되는 분노는 고혈압이나 심혈관계 질환과도 관련이 깊으며 위장장애나 만성 통증도 자주 일으킵니다.

분노의 또 다른 특징은 연쇄적인 폭발을 일으킨다는 것입니다. 분노가 폭발하기까지 쌓인 스트레스를 연료에 비유한다면 어느 순간 그것을 폭발시키는 성냥과 같은 역할을 하는 것을 '촉발사고'라고 부릅니다. 그런데 일단 분노가 폭발하면 다른 사람들이 한 나쁜 일, 잘못된 일과 같은 촉발사고를 계속 찾아 되새기게 됩니다. 마치 연쇄적인 폭발을 일으키는 것과 같습니다. 그래서 작은 자극에도 점점 쉽게 분노합니다.

한의학에서는 쉽게 자주 분노하는 경우 간肝에 문제가 있다고 봅니다. 여기서 간이란 해부학적 장기인 간liver을 의미한다기보다는 하나의 기능계를 뜻합니다. 간병 중에서도 여러 병증으로 세분화되지만 간병으로 분노를 자주 일으키는 사람은 두통, 옆구리 아래의 통증, 입과 목의 건조함, 이명, 소화불량 등의 증상이 동반되는 경우가 많습니다. 주목할 만한 점은 잦은 분노가 이런 병증을 일으키는 원인이 되기도 하고, 그 병증들의 결과로서 '쉽게 분노하는' 증상이 나타나기도 한다는 점입니다. 정신적 자극은 나의 몸에 영향을 미치고, 반대로 정상에서 벗어난 몸의 상태는 나의 정서에 영향을 미칩니다. 이 책에서는 화를 다스리도록 스스로 훈련하는 법에 대하여 이야기를 할 테지만, 유달리 화를 못 참는 자신을 자제심이 없다고 자책하기보다는 나의 신체적 상태에도 일정 부분 원인이 있음을 기억하고 함께 개선하려는 노력을 기울이는 태도가 바람직합니다.

　　분노와 관련된 한의학적 치료는 비교적 많이 연구된 분야입니다. 한약 처방이 경계성인격장애, 조현병, 주의력결핍 과잉행동장애ADHD, 치매환자 등에 나타나는 흥분이나 충동적인 공격성을 효과적으로 억제하면서 신체적 컨디션 또한 개선해준다는 연구결과가 해외에서도 많이 나오고 있고, 특히 일본에서는 여러 표준진료지침에 수록되기도 했습니다.

| 제3자의 시선에서 바라보라 |

그런데 일단 화가 날 때는 어떻게 그것을 다스려야 할까요? 화를 내게 하는 주변의 환경을 우리가 컨트롤할 수는 없습니다. 하지만 우리는 기억해야 합니다. 화를 내는 것 자체를 결정하는 권한은 바로 우리에게 있습니다.

화를 내는 과정은 두 단계로 나누어서 생각해볼 수 있습니다. 첫 번째는 상황에 대한 해석입니다. 지금 나에게 벌어지고 있는 상황을 해석하는 과정 중에 분노라는 감정이 일어납니다. '저 사람이 한 말은 나에게 공격성을 드러냈다'라거나 '저 사람이 나의 입지나 생존을 위협했다'와 같은 해석입니다. 하지만 우리는 제3자로서 어떤 상황을 지켜볼 때보다 그것이 자신의 상황일 때 다소 성급하거나 잘못 해석하는 경우가 많습니다. 자주, 그리고 지나치게 화를 내고 나서 매번 나중에 후회한다면 제일 먼저 나의 상황 해석이 잘되고 있는지 점검해봅시다. 화를 낼 만한 상황이 시작되는 순간에 즉시 '멈춤!' 하고 제3자의 시선으로 지켜보는 것입니다. TV 드라마 속의 갈등 상황을 지켜본다고 생각해도 좋습니다. 드라마에서 화를 내는 등장인물의 모습을 볼 때 우리는 그가 화를 내는 맥락과 상황을 비교적 수월하게 분석할 수 있습니다. '아, A라는 사람은 B라는 사람의 말을 저렇게 해석해서 화를 내는구나. 근데 앞에 있었던 B의 행동을 생각해보면 B가 꼭 적대적 감정을 가지고 그런 것이 아니라 어쩔 수 없는 상황이 있었음을 충분히 알 수도 있을 텐데 화를 내네?'라고 말입니다. 그렇게 나에게 분노가 일어날 만한 상황에서 제3자의 입장으로 지켜본다 가정하고 차분히 분석해보면 화를 낼 일이 상당히 줄 것입니다. 물론 많은 노력과 연습이 필요하겠지요.

화를 내는 과정의 두 번째는 화난 감정을 전달하는 단계입니다. 앞의 상황을 해석하는 과정에서 제3자의 입장에서 이리저리 살펴봐도 상대가 나에게 잘못한 것이 명백해서 화나는 감정이 생길 수 있습니다. 그렇다면 화난 감정을 상대에게 어떻게 전달할지를 나는 결정할 수 있습니다. 화난 감정을 전달하는 방법이 꼭 '화를 내는 것'만은 아니기 때문입니다. 화가 나는 감정과 화를 표출하는 행동을 따로 생각해보자는 것입니다. 내가 화나는 감정을 전달함으로써 이 사람에게 원하는 게 무엇인지, 이 상황을 어떻게 이끌고 싶은지를 생각해봅니다. 상대방을 강하게 훈육하는 과정이라거나 특수성이 있는 업무 중이라면 의도적으로 목소리를 높여 큰소리로 화내는 모습 자체를 보여줘야 하는 경우도 있을 수 있습니다. 그렇다면 화를 내면 됩니다. 하지만 대부분의 상황은 그렇지 않습니다. 나의 상한 감정을 상대에게 전달할 수 있는 유일한 방법이 목소리를 높이며 화를 분출하는 것뿐인 줄 알고, 화를 내고 나서 나중에 후회합니다. 만약 내가 원하는 것이 단지 상대방이 나에게 무례하거나 잘못된 행동을 해서 나의 감정이 상했음을 인지시키는 것이라면 화를 폭발하듯 분출할 필요가 없습니다. 그저 말로 표현하면 될 뿐입니다. 그것이 더 효과적으로 상대방에게 전달될 것입니다. 또한 화를 내느라 굳이 나의 몸과 마음을 더 상하게 하지 않으면서 화나는 감정도 어느 정도 적절하게 처리할 수 있습니다.

화를 다스리는 방법에 대하여 이렇게 살펴보았지만 말처럼 쉬운 일이 아니란 것을 저도 알고 있습니다. 더 큰 문제는 우리를 분노하게 만드는 환경과 생존본능을 점점 더 날카롭게 만드는 사회이겠지요. 하지만 내 몸과 마음은 내가 지켜야 합니다. 고대의 많은 양생가들도 분노를 조절하는 것이 가장 중요하면서도 어렵다고 보았고, 그래서 책상머리에 '제노制怒·분노를 경계함'라는 글자를 써놓고 이를 양생의 기본으로 삼았습니다. 화를 주체하지 못해서든 적절하게 해소하지 못하고 쌓아놓아서든 분노에 사로잡혀 계시다면, 부디 이 글이 양생에 조금이라도 도움이 되길 바랍니다.

적
－
용
－
해
－
보
－
기

분노는 교육을 받고 훈련한다면 얼마든지 조절이 가능하다는 것을 기억합시다. 분노하는 감정 그 자체는 나쁘다고 할 수 없지만 만약 자주 이성을 잃고 화를 내고 후회한다면 훈련이나 전문가의 상담과 치료를 통해서 반드시 교정할 필요가 있습니다.

1단계 _ 나를 화나게 하는 사람(A)과 나(B)를 영화 속의 인물을 바라보듯이 제3자의 시선으로 바라보면서 질문을 던지고 스스로 대답해봅니다.

- A는 왜 저렇게 행동을 했을까?

- A는 B를 일부러 화나게 하려고 그랬을까?

- B는 왜 저 상황에서 화가 날까?

- B는 A가 한 것과 같은 상황을 유발한 적이 없었나?

- B가 A를 이해해줄 만한 여지는 없을까?

2단계 _ 화를 내기에 앞서 감정을 전달할 방법을 생각합니다.

- 상대방은 내가 화가 났다는 걸 알까?

- 내가 화가 났다는 감정을 전달할 필요가 있을까?

- 전달해야 한다면 어떤 방식으로 전달하는 것이 좋을까?

* 뒤에서 다룰 명상과 호흡법을 활용하는 것도 아주 좋습니다.

당신 마음속
매화씨앗

40대 중반의 주부인 미숙 씨가 치료를 받으러 찾아왔습니다. 일 년 전의 남편의 실직과 갱년기 증상으로 우울감을 많이 느끼던 여성이었습니다. 그녀는 "그동안 모아둔 돈에 둘이서 조금만 더 모아서 가게라도 차리면 되지 뭐!"라고 말하며 자기보다 더 상심하였을 남편을 씩씩하게 위로하였습니다. 그녀는 혹시나 집안 분위기가 어두워질까 남편과 아이들에게도 애써 밝은 모습만 보여주려 하는 좋은 아내였습니다.

아마 그때부터였을 것입니다. 목과 가슴 사이에 가래 같기도 하고 조그만 구슬 같기도 한 것이 걸려 있는 느낌이…. 자꾸 뱉어내려고 해도 뱉어지지 않고 삼키려 해도 삼켜지지 않았습니다. 애써 무시하려고 했지만 아주 작은 구슬 같았던 크기가 점점 커지는 느낌이 들었고 숨을 쉬기 불편할 정도가 되었습니다. 혹시나 종양 같은 위험한 것은 아닐까 하고 이비인후과를 찾았습니다. 각종 검사를 해보았지만 이상을 찾을 수 없었습니다. 의사는 신경성이고 심리적인 원인에 의한 것이니 긍정적인 마음을 가지고 안정을 취해보라며 정 심하면 한의원이나 정신건강의학과에 가보길 권했다고 합니다.

미숙 씨가 겪고 있는 증상을 히스테리구globus hystericus라고 부릅니다. 현대에는 꽤 흔한 증상인데 특히 정서적으로 억눌린 경향의 여성에게 자주 나타납니다. 목의 이물감에는 역류성식도염 같은 다른 원인이 있는 경우도 있지만, 미숙 씨처럼 이비인후과나 소화기내과에서 각종 검사를 해도 아무런 기질적인 원인이 없는데 정신적 원인으로 발병한 경우가 바로 히스테리구입니다. 한의학에서는 이것을 매핵기梅核氣라고 부르는데 의서에는 '칠정이 억눌려서 발생하며 매화씨앗 같은 것이 목과 가슴 사이에 걸린 느낌이 들고 삼키려 해도 삼켜지지 않고 뱉으려 해도 뱉어지지 않는다'라고 서술되어 있습니다.

부정적인 것이라고 생각해서 받아들이기 힘든 감정, 그렇다고 타인에게 쉽사리 분출할 수도 없는 감정, 그 감정들이 계속해서 마음속에 꾹꾹 눌러지면 마음의 병뿐 아니라 몸의 병까지도 가져옵니다. 그것을 기체증氣滯證이라고 합니다. 억눌린 마음이 뭉치듯 기운이 뭉쳤다는 뜻입니다. 위에서 말한 매핵기가 대표적인 증상이고 사람에 따라 신체의 다른 여러 곳에 통증이 발생하기도 합니다.

이 병에 대하여 설명을 들은 미숙 씨는 저에게 그 매화씨가 뭉쳐진 자신의 마음 같다고 말했습니다. 내 안에 있는 것이 거슬려서 칵 뱉어내려 해도 내보내지지 않고 그렇다고 삼켜서 받아들이기도 힘든 자신의 감정 덩어리 같다고 말했습니다. 그 말이 저를 생각에 잠기게 했습니다.

| 괜찮은 척하는 사람들 |

현대사회의 우리는 부정적이라고 생각하는 감정들을 남에게 보여주기 꺼려하고 스스로 받아들이고 싶어 하지도 않습니다. 우울증으로 힘들어하는 친한 친구의 SNS를 우연히 봤는데 그곳에서 친구는 온통 행복하고 긍정적인 모습뿐이었습니

다. 왜 그러냐고 물었더니 친구는 "긍정적이고 행복한 모습만 보여줘야 남들이 나를 좋아할 테니까"라고 대답했습니다. 이 것은 우리나라의 전통적인 경향이기도 합니다. 흔히들 자신의 감정을 참아 꼭꼭 숨기는 사람에게 '그러다 화병 걸린다'라고 말합니다. 화병은 한의학의 병증에서 비롯되어 지금은 미국정 신의학회 정신장애진단통계편람DSM-Ⅳ에서도 정식으로 언 급된 적 있는 '문화관련 증후군'의 하나입니다. 학계에서는 화 병을 감정을 분출하지 못하고 꾹꾹 참아서 생기는, 대한민국 에만 주로 존재하는 특징적 문화고유장애라고 봅니다. 그래서 DSM-Ⅳ에도 병명이 한국식 표기인 'Hwa-Byung'이라고 등 재되어 있습니다.

화병이 한국에 주로 존재하는 이유는 공동체 유지를 중요 시하고 감정 표현을 터부시하는 분위기 때문일 것입니다. 우 리는 어릴 적부터 감정을 억제하고 숨기는 법을 교육받습니 다. 그래서 감정을 드러내지 않는 게 좋다는 생각을 내면화합 니다. 살아가면서 적절하게 처리되지 않은 감정은 꾹꾹 쌓여 가고 그렇게 오랜 시간이 지납니다. 묵은 감정들은 우리의 몸 과 마음을 조금씩 무너뜨립니다.

화병은 사실 감정을 참아서 생긴다기보다는 감정을 표현하지 못했기 때문에 발병한다고 보는 것이 좀 더 정확합니다. 화가 나는데도 표출할 수 없게 만드는 사회·문화적 환경이 근본적인 원인이기 때문에 '문화고유장애'라고 할 수 있지요. 치료를 통해 증상을 개선할 수는 있지만 가족과 사회의 지원이 없다면 완치가 쉽지 않습니다. 그 지원은 결국 환자가 자신의 감정을 적절한 방식으로 표출하고 해소할 수 있는 환경과 분위기를 만들어주는 것입니다. 이는 우리 사회가 이뤄야 할 숙제와 같습니다. '내가 사회적 분위기를 바꾸기 위해서 당장 무엇을 할 수 있겠나'라고 체념하기 전에 내 주변과 나의 가족 간에 충분한 대화와 감정의 교류가 있는지, 그를 위해 내가 어떤 노력을 할 수 있는지부터 생각해보면 좋지 않을까요? 통계적으로 화병의 대부분이 가족 관계의 문제에서 발병하기 때문입니다.

| 충분히 슬퍼할 수 있는 힘 |

이렇게 억눌린 정서를 가진 이들에게 어떤 사람들은 무심코 이런 말을 던집니다. "긍정적인 마음을 가지고 극복하면 되지

뭘 그리 끙끙 앓고 있니!" 때때로 이런 말은 상처받은 이들에게 더 큰 아픔을 줍니다. 나를 둘러싼 환경이 여전히 나를 궁지로 몰고 있는데 긍정적인 마음을 가지라니요. 그런 시선은 오히려 내면의 억눌린 감정을 더욱더 꼭꼭 싸매게 합니다. 밝고 긍정적인 마음만 좋은 것이고 그것으로 분노나 슬픔 같은 부정적인 감정들을 눌러서 이길 수 있다는 인식 말입니다.

픽사의 애니메이션 〈인사이드 아웃〉은 우리에게 이런 감정들에 대해서 생각해볼 거리를 우화적으로 던져줍니다. 이 영화는 11살 소녀인 라일리의 머릿속 감정제어본부에서 벌어지는 이야기를 다루고 있습니다. 감정제어본부의 각종 감정들은 기쁨이, 슬픔이, 소심이, 까칠이, 버럭이로 의인화되어 있습니다. 그동안 라일리를 행복하게 만들기 위해 감정제어본부에서 주도적 역할을 한 것은 기쁨이였습니다. 그런데 라일리를 둘러싼 환경이 변하면서 감정제어본부에도 변화가 옵니다. 아버지의 사업 때문에 이사를 가게 된 것입니다. 오래된 친구와의 헤어짐, 태어날 때부터 살았던 아름다운 자연환경을 떠나 도착한 도시의 삭막함, 새로운 사업 때문에 자신에게 사랑을 이전만큼 주지 못하는 아버지…. 이런 환경은 소녀를 슬프게 만들기 충분했습니다. 그러자 슬픔이가 자신의 의도와 다르게 감정계기판에 손을 대기 시작합니다. 라일리를 오로지 기쁘고 행복하게 하는 것만이 자신의 역할이라 믿는 기쁨이는 그때마다 슬픔이를 제지합니다. 급기야 기쁨이는 슬픔이 주변에 원을 그리며 "이건 슬픔의 원이야. 모든 슬픔이 이 안에서 못나오게 하면 돼"라고 말합니다.

하지만 그럴수록 라일리의 내면세계에서는 오히려 생각지 못한 더 큰 혼란이 벌어집니다. 공들여 구축해온, 라일리의 성격들을 상징하는 '성격 섬'이 무너지기 시작하고 감정계기판마저 회색빛으로 굳어져가 라일리의 자아는 타격을 받습니다. 여러 소동을 겪고 나서야 기쁨이는 깨달음을 얻습니다. 항상 기뻐야만 좋은 것은 아니며 때로는 슬픔을 통하여 가족이나 주변 사람과 더 큰 유대감을 얻기도 한다는 것, 슬픈 일이 있다면 충분히 슬퍼해야 라일리가 성장할 수 있다는 것, 그러므로 슬픔이 있어야 기쁨도 있다는 것. 이런 깨달음을 얻자 기쁨이는 슬픔이의 존재를 인정하고 받아들입니다. 그렇게 모든 감정이 소중하다는 것을 알고 라일리의 내면이 한층 성장하는 모습을 보여주며 영화는 끝이 납니다.

| 매화꽃이 피기까지 |

미숙 씨처럼 어른이라는 이유로, 부모이고 가장이라는 이유로 우리는 얼마나 많은 슬픔이들을 가둬왔을까요? 이 영화의 의인화된 감정을 보며 저는 양생에서 말하는 일곱 가지 감정인 칠정을 떠올렸습니다. 칠정은 외부 세계에 일어나는 일들에 대한 인간의 자연적인 반응이며 어떤 것도 부정적이지 않습니다. 양생에서 감정을 조화롭게 하라는 말은 좋은 감정만 밖으로 드러내고 부정적인 감정은 억누르라는 의미가 아닙니다. 기쁜 일이 있으면 기뻐하고 슬픈 일이 있으면 충분히 슬퍼하여 해소하라는 뜻입니다. 그것이 인간적이기 때문입니다. 툭 하면 터져버릴 만큼 분노와 슬픔이 우리 안에 가득할 때, 엉엉 울어버리고 나면 신기하게도 마음이 조금 풀릴 때가 있습니다. 이처럼 역설적이게도 우리가 슬픔을 이겨내는 방법은 충분히 슬플 만큼 슬퍼해보는 것입니다.

미숙 씨처럼 증상으로 나타나지 않더라도 누구나 마음속에 조그마한 매화씨앗이 하나씩 있습니다. 남에게 꺼내 보이기 부끄러운, 그렇다고 내가 삼켜서 받아들이기도 두려운, 그래서 꽁꽁 포장해서 내 가슴과 목 사이 어딘가 저장해둔 감정이 있습니다. 그 감정들은 삼키지도 못하고 뱉지도 못하는 매화씨처럼 계속해서 우릴 괴롭힙니다. 이제 그렇게 감정을 쌓아두는 걸 그만둡시다. 적어도 나 자신은 그 감정에게 손을 내밀어야 합니다. 똑바로 바라봐야 합니다. 그리고 편하게 앉아 대화를 건네봅시다. 상처를 받고 괴로워하는 '나'가 있습니다. 그리고 그를 바라보며 말을 건네는 '나'가 있습니다. "힘들지는 않니?" "지금 어떤 기분이 드니?" "그런 마음이 드는 게 정상이야." "그래, 참 애썼다."

햇볕이 쨍쨍하고 맑은 날만 지속되면 어떤 씨앗도 꽃을 피워내지 못합니다. 매화는 비가 오고 바람이 불고 눈에 덮이고 나서야 이른 봄 누구보다 먼저 꽃을 피웁니다. 이처럼 나의 다양한 감정을 똑바로 바라보고 부끄러운 감정조차 나의 일부이며 자아의 밑거름이 된다는 걸 깨닫고 안기 시작한다면 언젠가 당신 가슴속 매화씨앗도 마침내 꽃을 피워낼 것입니다. 그리고 그 꽃은 무엇보다도 아름다우리라 믿습니다.

평소 느끼는 감정에 이름을 붙여봅시다.

1. 지금 억누르고 있는 생각이나 감정이 있나요?

2. 있다면 그 감정들에 이름을 붙여봅시다. 만약
생각하는 것 자체가 괴로운 기억이라면 절대 억지로 상세하
게 떠올릴 필요는 없습니다. 그저 그것에 대해 내가 가지고 있
는 감정이나 느낌에 이름을 붙이면 됩니다. 이름을 붙이기가
어렵다면 얼굴 표정과 같이 그림을 그려도 좋습니다. 나에게
그런 감정이 있다는 것을 인지하는 것만으로도 나를 둘러싼
상황을 조금은 객관적으로 바라볼 수 있을 것입니다.

3. 나는 지금 이름 붙인 그 감정들을 그동안 어떻게 대해왔나요? 마주하기가 두려워서 억누르려고만 하거나 불완전한 모습을 지닌 스스로가 싫어서 비난해오지는 않았나요? 이제 이름을 붙인 생각이나 감정들에게 건네고 싶은 위로의 말들을 적어봅시다.

불안을
살며시
내려놓는 법

"이제 계산만 잘하는 아이에게는 지구 종말과도 같은 일이
벌어집니다. 대비하고 계십니까?"
"초등 4학년부터 시작해야 SKY 간다."
"수학은 대학을 결정하고 영어는 인생을 결정한다."

보기만 해도 숨이 막히는 이 문구들은 한 교육운동단체에
서 지나친 학벌경쟁과 선행학습, 그리고 불안감을 부추기는
광고의 사례로 공개한 실제 광고 문구들입니다. 우리 사회의
단면을 보여주는 것 같아 마음이 씁쓸합니다.

| 불안을 먹고 사는 이들 |

사교육 열풍은 영·유아 때부터 시작됩니다. 육아정책연구소가 내놓은 보고서 〈영유아의 사교육 노출, 이대로 괜찮은가〉에서는 우리나라 만 2세 아동 10명 중 4명, 만 5세 아동 10명 중 8명이 사교육을 받는다고 밝혔습니다. 두 돌 지난 아이들을 창의력학원, 과학학원에 보내는 것을 보고 어떤 이들은 부모의 의식 없음을 탓하기도 합니다. 하지만 저는 그런 부모들의 마음이 이해되기도 합니다. 그들이 아이를 학원에 보내는 것은 사교육을 통해 아이가 더 밝고 똑똑하게 자랄 거라고 확신해서가 아닙니다. 그들도 과한 사교육이 아이를 힘들게 하지는 않을지, 오히려 해가 되지는 않을지 걱정합니다. 그런데도 사교육 열풍에 동참할 수밖에 없는 것은 '공포' 때문입니다. 경쟁에 동참하지 않으면 영원히 도태될지 모른다고, 세상은 부모들의 마음에 공포를 집어넣습니다. 이때 부모의 마음은 '다 저렇게 하니 나도 따라 해야지'라는 모방이 아니라 '다 저렇게 시키는데 안 그러면 큰일 나겠다'라는 절박함에 가깝습니다.

물론 이것은 아이들만의 문제가 아닙니다. 현대사회는 아이 어른 가릴 것 없이 우리에게 공포를 주입합니다. 자본주의

사회는 경쟁에서 이기는 자들에게 달콤한 쾌락을 약속하는 동시에 도태된다면 그곳이 당신 삶의 낭떠러지일 것이라고 협박합니다. 겁에 질린 사람들이 끝없이 경주하고 더 많이 생산하고 더 많이 일하도록 말입니다. 패닉에 빠진 사람들만큼 다루기 쉬운 것은 없기 때문입니다. 경쟁의 밑에 깔린 정서는 공포입니다. 또한 뒤처지는 것에 대한 공포는 필연적으로 불안을 가져옵니다. 그리고 공포와 불안에 시달리는 부모 밑에서 자란 아이 역시, 그런 정서를 내면화합니다.

저의 지인 중에 누가 봐도 탄탄대로의 정석이라 할 만한 인생을 걸어온 이가 있습니다. 그는 늘 어머니에게 "열심히 공부해서 경쟁에 이기고 좋은 직업을 갖지 못하면 비참한 삶을 살게 될 것이다"라는 말을 들으며 자랐습니다. 그가 삶을 살아온 원동력은 불안과 공포였습니다. 공부에 몰두하여 좋은 대학을 갔고 좋은 대학에서 좋은 성적을 받아 좋은 직장을 갔습니다. 그러나 여전히 그는 평안을 얻지 못했습니다. 그는 고백했습니다. 끝없는 불안으로부터 벗어나기 위해서 열심히 살아왔는데, 어머니의 말처럼 비참해지지 않기 위하여 살아온 삶은 그 자체로 이미 누구보다도 비참했다고요.

| 생존에 대한 두려움 |

최근 여러 연예인들을 통해 공황장애라는 생소한 병이 대중에게 많이 알려졌습니다. 공황장애는 불안장애의 일종인데 역사가 길지 않은 질환이지만 이제는 드물지 않습니다. 제가 이 질환에 주목하는 이유는 이 사회를 휘감고 있는 공포와 불안의 정서가 공황장애라는 질병 자체와 매우 닮았다고 생각해서입니다.

공황장애의 핵심은 수시로 일어나는 '공황발작'과 그런 공황발작이 언제 일어날지 몰라 항상 두려워하는 '예기불안'입니다. 공황panic은 죽을 것 같은 공포라고 할 정도의 극도의 불안 상태를 말합니다. 예를 들면 길에서 칼을 든 강도가 멀리서 다가오는 걸 봤을 때 극도의 불안과 함께 심장이 빠르게 뛰고 숨이 막히는 듯한 신체증상이 함께 오듯이, 실제 생명의 위협을 느낄 때 '공황상태에 빠졌다'라고 합니다. 이것은 정상적인 몸의 반응이라고 할 수 있습니다. 하지만 공황발작은 실제로 몸의 이상이나 생명의 위협이 있지 않은데도 공황상태가 되는 것입니다. 스트레스나 특정 상황에서, 또는 아무런 이유도 없이 극도의 불안감에 가슴이 뛰고 답답해 심장이 멎을 것 같은 공포를 느낍니다. 이런 공황발작이 수시로 일어나고 언제 공황발작이 일어날지 모른다는 불안에 항상 시달릴 때 공황장애로 진단할 수 있습니다.

공황장애의 원인에는 관점에 따라 여러 가설이 있습니다. 그중 인지행동적 관점으로 본다면 공황장애란 신체감각에 대한 인체의 잘못된 해석에서 비롯됩니다. 정상인이 일상에서 느끼는 공포나 불안은 우리가 상황에 제대로 대처할 수 있게 도움을 주는 것입니다. 그런데 공황장애 환자는 일상적인 수준의 스트레스나 신체적 증상에도 그것이 곧 심장마비나 호흡곤란으로 이어진다고 파국적으로 해석합니다. 이를 '재앙적 해석'이라고도 합니다. 이러한 생각은 더 큰 위협이 되어 신체의 증상은 더 크게 이어지고 결국 공황발작을 일으킵니다.

적당한 불안은 우리를 긴장하게 하고 위험에서 벗어나게 합니다. 생존하려는 욕구이기도 한 불안과 공포 덕분에 우리의 조상들은 살아남았습니다. 그런데 현대인은 과거와는 비교할 수 없을 정도로 풍족해졌고 문자 그대로의 생존에 대한 위협은 훨씬 줄어들었지만, 생존에 대한 두려움은 훨씬 강해졌습니다. 마치 공황장애 환자와 비슷합니다. 사회는 우리가 떨어지면 끝장인 낭떠러지를 오르고 있는 것처럼 생각하게 만듭니다. 낭떠러지에서 떨어지면 끝이라고, 다시는 일어설 수 없고 생존이 어려울 만큼 비참한 삶을 살 것이라고 겁을 줍니다. 빨리 불안에서 벗어나고 싶은 우리는 경쟁하듯이 절벽을 빠르게 오릅니다. 내가 어디에 있는지, 내가 원래 무엇을 원했는지는 잊은 지 오래입니다. 나를 움직이게 하는 건 불안뿐입니다. 그러나 아무리 올라가도 그곳에 내가 기다리던 평안은 없습니다. 다시 아래를 내려다보았을 때 내가 올라온 만큼 더 큰 불안이 기다리고 있을 뿐입니다.

공황장애나 심한 불안은 한의학에서 경계驚悸, 또는 정충怔忡이라 부르는 증상과 유사합니다. 작은 자극에도 쉽게 놀라 심장이 빠르게 뛰고 불안감을 느끼거나 아무런 자극이 없는데도 혼자서 큰 불안감을 느끼는 증상을 가리킵니다. 주로 심장心과 담膽의 기운이 부족할 때 이런 증상이 나타난다고 봅니다. 한의학적 관점의 특징은 정신과 몸의 문제를 분리해서 생각하지 않고, 인체의 생리적 기능이 떨어질 때 몸의 증상이 생기는 것처럼 정신적 증상도 함께 생긴다고 보는 것입니다. 만약 당신이 불안에서 벗어나고자 더 열심히 뛰고 스스로를 채찍질하고 있다면 그것은 몸과 기운을 소진시키며 더 큰 불안을 키우고 있는 것일지도 모릅니다.

| 낭떠러지 아래에도 세계가 있다 |

공황장애 환자의 약물치료와 더불어 시행되는 인지행동치료에서는 왜곡된 생각을 교정하는 일이 가장 중요합니다. 예를 들면 발작이 일어날 때 나타나는 과호흡이나 흉통 같은 증상이 실제 심각한 문제가 아니며 결코 나에게 치명적인 손상을 주지 못한다는 것을 깨닫게 합니다. 공황장애에 대해서 이렇게 장황하게 설명한 것은 공황장애의 치료방법과 우리가 겪는 불안의 극복방법이 비슷하기 때문입니다. 남들보다 지나치게 불안에 사로잡힌 채 끝없는 경쟁으로 스스로를 착취하는 삶을 살고 있다고 생각한다면, 그런 삶에서 내려오는 방법은 한 가지뿐입니다. 경쟁에서 도태되면 나의 인생이 끝장이라는 생각을 내려놓는 것입니다.

당신은 이렇게 항변할지도 모릅니다. 경쟁에서 뒤처지면 도태되어 생명의 위협을 받는다는 생각은 엄살이나 왜곡된 판단이 아니라 진실이라고, 이 사회가 그렇지 않냐고 말입니다. 당신의 말이 맞습니다. 실제로 사회는 단지 경쟁을 유발할 뿐 아니라 경쟁에서 진 자들에게 지나칠 만큼 가혹합니다. 또한 그들의 정신적 고통은 육체적으로 받는 생명의 위협보다 훨씬 괴로울지도 모릅니다.

하지만 같은 맥락에서 공황장애 환자들이 느끼는 고통 역시 그들에겐 엄살이 아닙니다. 그들은 내가 느낀 고통은 정말 죽을 것 같은 진짜 고통이었다고, 몸에 이상이 있는 것이 분명하다고 말하기도 합니다. 각종 정밀검사를 통해 신체에 이상이 없는 것이 확인되었는데도 공황장애의 치료를 거부하고 계속해서 신체적 검사를 요구하기도 합니다. 그러나 그들이 불안과 공포를 극복하려면 공황발작으로 결코 자신이 죽지 않는다는 사실을 깨달아야만 합니다. 서두에 나왔던 광고 문구처럼 수학을 못해도 우리에겐 지구 종말이 일어나지 않았습니다. 영어를 못해도 우리 인생은 어떤 식으로도 결정 나지 않았고 그럭저럭 우리는 훌륭하게 삶을 꾸려나가고 있습니다.

제가 하는 말이 현실 사회를 외면한 마취제 같은 위안에 불과하다고 생각하실지도 모르겠습니다. 근본적인 문제는 사회적이기 때문입니다. 경쟁을 부추기는 사회, 승자가 모든 것을 독식하는 사회, 경쟁에 뒤처진 자들에게 충분한 안전장치가 마련되어 있지 않은 사회입니다. 그러나 그 사회를 바꾸기 위해서라도 우리가 먼저 그 경쟁의 논리에서 내려와야 합니다. 박노자 교수는 "생존공포에 빠져 그저 경쟁에서 살아남아 일정한 사회적 지위를 획득하는 것만을 꿈꾸는 사람은 사회적 부조리를 거부할 줄 아는 자율적 개인이 될 수 없다"라고 말했습니다. 그래서 이 글은 단순히 모든 것이 괜찮다는 위안이 아닙니다. 자포자기하고 모든 것을 내려놓자는 글도 아닙니다. 경쟁의 논리, 불안을 야기하는 낭떠러지에서 시선을 돌려, 자율적인 나의 삶을 꾸려보자는 '용기'에 대한 글입니다.

그렇게 처음으로 낭떠러지 아래를 바라보는 순간에서야 깨달을 수 있습니다. 떨어지면 끝장이라고 생각했던 것과 달리 그곳에는 새로운 세계가 펼쳐져 있고 나에게는 날개가 있었다는 사실을 말입니다.

질
/ 문
/ 해
/ 보
/ 기

내 마음속에 자리 잡고 있는 불안의 모습을 들여다봅시다.

1. 당신을 불안하게 하고 끊임없이 경쟁하며 달리게 하는 실체는 무엇인가요?

2. 당신이 계속해서 노력한다면 그 불안의 끝에서 내가 원하던 평안을 얻을 수 있다고 생각하시나요?

3-1. (예라고 대답한 경우) 만약 그렇게 목표에 도달할 수 있고 그래서 곧 평안을 얻을 수 있다고 생각한다면 왜 불안해하시나요? 불안감이 없다면 좀 더 기쁜 마음으로, 좋은 능률로 그 길을 갈

수 있지 않을까요? 내가 지금 가는 길에서 불안감을 좀 내려놓고 갈 방법은 없을까요?

3-2. (아니라고 대답한 경우) 당신이 가는 힘든 길의 끝에서도 평안을 얻지 못할 거라고 생각하신다면 왜 굳이 두려워하면서도 그 길을 끝까지 가기를 고집하시나요? 내가 갈 수 있는 다른 길은 없을까요?

마음을
붙잡아두는 법

어느 순간 '내가 지금 여기서 뭐하고 있는 거지?'라는 생각을 해본 적이 있으신가요? 만약 있다면 그 순간은 언제였을까요. 내 몸과 마음이 어떤 상태인지 살피지 않고 끊임없이 자신을 혹사시키다가 갑자기 회의감이 들던 순간이었나요? 고통이 언제부터 시작됐는지도 기억나지 않는데 끊임없이 밀려오는 스트레스와 괴로운 감정 속에서 자신이 무너져가는 것을 바라보던 순간이었나요?

| 여긴 어디고 나는 누군가 |

그런 순간이 다가온 데는 공통적인 원인이 하나 있습니다. 평소에 '내가 지금 여기서 무엇을 하고, 무슨 생각을 하는지' 명확히 관찰하지 않았다는 것입니다. 내가 어떤 사고과정에 따라서 그런 생각과 행동을 하는지, 그로 인해 어떤 감정을 만들어내는지에 대해서 평소 인식을 하지 않았기 때문에 어느 순간 혼란을 느끼는 것이지요. 이렇게 스스로의 생각에 대해 관찰하는 것을 메타인지라고 합니다. 메타라는 것은 '상위의'라는 뜻입니다. 내가 인지하는 것을 인지하는 것, 즉 내가 어떤 생각과 감정을 가지는지 관찰자의 시점에서 또렷이 객관적으로 보는 것입니다.

어떤 생각을 하는 것도 '나'이고 어떤 생각을 하는지 아는 것도 '나'인데 내가 무슨 생각과 감정을 가지는지 스스로 인식을 못한다니 말이 되지 않는 것 같나요? 곰곰이 생각해봅시다. 생각과 감정은 우리가 스스로 인식하지 못하는 새 자동적으로 일어나는 경우가 많습니다. 마치 자동 조종 상태에 있는 자동차처럼 말입니다. 특히 우리에게 고통을 주는 감정은 자동적인 생각의 패턴을 이루어 계속해서 우리를 괴롭히는 경우가 많습니다.

그렇다면 우리가 순간순간을 또렷이 인식하고 부정적인 생각이 자동화되는 과정을 객관적으로 바라보는 방법은 무엇일까요? 제가 제시하는 가장 본질적이고 실천적인 방법은 바로 '명상'입니다.

| 명상은 과연 특별한 사람들의 것일까 |

명상이라는 단어를 보면 어떤 생각이 드시나요? 명상에 대해서 당신이 가지고 있는 시각은 어떤가요? 뭔가 비과학적이고 종교적이면서 세속을 떠나 해탈하려는 모습처럼 느껴지나요?

우리의 이런 편견과 달리 서구에서는 명상을 심신의 고통을 치유하는 실제적인 방법으로 치료에 적용하고, 의학계나 심리학계에서 과학적 연구대상으로 삼은 지 오래되었습니다. 여러 명상 가운데 의학계에서 주류로 자리 잡은 것은 '마음챙김 명상mindfulness meditation'입니다. 1979년 미국 메사추세츠 대학교 메디컬센터의 존 카밧진 교수는 불교의 명상 방법인 '위빠사나'를 기반으로 '마음챙김에 기초한 스트레스 감소법 MBSR · Mindfulness based stress reduction'을 만들었습니다.

이는 기존 명상에서 종교적·영적인 의미를 배제하고 서구인이 쉽게 접근해 배울 수 있도록 만든 것입니다. 자아에 대한 집착을 완전히 버리고 해탈하는 것이 불교에서 하는 수행의 목적이라면, 이를 기반으로 만든 마음챙김 명상은 현대인이 당면한 신체적·정신적 고통의 치유와 삶의 질 향상에 목적이 있습니다. 카밧진 교수는 마음챙김 명상을 만성통증, 암, 심장병, 위장질환, 고혈압 등 신체질환을 겪는 환자들부터 불안, 우울 등 정신과 증상의 환자 그리고 삶의 질을 높이고 싶은 일반인까지 다양하게 적용하였습니다.

이후 치료를 목적으로 한 마음챙김 명상의 도입이 의료계에 크게 확대되고 많은 연구가 이루어졌습니다. 현재는 미국과 유럽의 대학병원을 중심으로 신체적·정신적 질환의 치료 수단으로 사용되고 있을 뿐 아니라 인지행동치료의 제3의 물결이라 불릴 만큼 '핫한' 분야입니다. 또한 구글, 애플, 나이키 같은 유수의 기업들이 직원들의 신체적·정신적 건강을 위하여 사내에 명상 프로그램을 운영하기도 합니다.

| 지금, 여기, 내 마음속 |

우리가 하루 동안 수많은 생각을 하면서 '지금' 나의 마음에 대해 생각하는 시간은 얼마나 될까요? 우리 생각의 대부분은 과거와 미래에 치우쳐 있습니다. 과거의 기억에서 오는 후회나 괴로움, 그리고 아직 일어나지 않은 미래의 일들에 대한 걱정과 두려움에 대해 생각하느라 나의 현재 상태에 집중하는 시간은 거의 없습니다.

마음챙김이란 지금 여기서here and now 일어나는 모든 것에 대해 또렷이 알아차리는 것awareness을 말합니다. 또는 '비非판단적으로 바라보기'라고 표현되기도 합니다. 자신의 마음에서 일어나는 현상들에 집중해 그 현상을 객관적으로 관찰하는 것입니다. 내가 나의 의식 속 사고과정을 인식하지 못할 때 사고의 과정은 자동적이고 습관적인 형태로 진행됩니다. 특히 부정적인 생각인 경우에 더욱 그렇습니다. 나는 그것을 반복해서 생각하다 감정의 소용돌이 속으로 휘말려 들어갑니다. 이런 상태에서 벗어나기 위해 내가 그동안 알아차리지 못했던 생각의 과정들을 명확히 관찰하면서, 그것이 때때로 실제 세계를 반영하는 것이 아니라 나의 마음속에서 일어나는 정신작용의 결과에 불과함을 깨닫는 것이 바로 마음챙김입니다.

20대 중반의 직장인인 은수 씨는 이전 남자친구인 A와 헤어진 지 6개월 만에 새로운 남자친구 B와 연애를 시작했습니다. 은수 씨가 A와 헤어진 건 A가 바람을 피우다 걸렸기 때문이었습니다. A는 은수 씨와 있을 때도 누군가와 즐겁게 문자를 주고받을 때가 많았고 누구냐고 물어보아도 늘 친구라고 둘러대었습니다. 그러다 결국 양다리를 걸치고 있었다는 것이 들통났습니다. 은수 씨에게 그 경험은 큰 상처였지만 다행히도 6개월 후에 새로 만난 B는 그런 면에서는 믿을 만한 사람이었습니다. 하지만 B가 핸드폰을 만질 때마다 은수 씨는 과거의 상처가 떠올랐습니다. 다른 의심할 만한 행동을 한 것도 아닌데, B가 핸드폰을 만질 때면 은수 씨는 자동적으로 'B도 A처럼 다른 여자랑 바람을 피우는 것 같아'라고 생각하며 괴로움을 느꼈습니다.

은수 씨를 괴롭히는 것은 1차적인 감각이나 생각에서 자동적으로 이어지는 2차적인 생각입니다. 우리는 심정적으로는 은수 씨의 경험에서 비롯된 사고의 자동화 과정을 이해할 수 있지만 그 연결이 비합리적임을 알 수 있습니다. 은수 씨가 괴로움에서 벗어나려면 어떻게 해야 할까요? 과거에 상처받은 기억은 이미 일어난 일이어서 잊으려고 해도 맘대로 잊을 수 없습니다. 기억이 은수 씨의 의식 속에 수시로 떠오르는 것도 마음대로 조절할 수 없습니다. 하지만 떠오르는 생각을 대하는 태도는 은수 씨가 결정할 수 있습니다. 아픈 기억이 떠올랐을 때 '내 의식 속에 과거의 아픈 기억이 떠오르는구나. 하지만 그건 단지 과거의 기억일 뿐이지'라고 명확하게 인지를 하되 2차적인 감정으로 발전하지 않도록 훈련할 수 있습니다.

우리가 바다를 항해하는 선장이라고 생각해봅시다. 주변에 일어나는 '사건', 즉 파도와 날씨의 변화를 조절할 수는 없습니다. 하지만 노련한 선장은 기상 변화를 유심히 관찰하고 그 힘을 소중히 여기며 그에 맞추어 키를 조종하여 안전하게 항해합니다. 마음챙김이란 언제나 자동 상태에 있던 내 마음의 조종기판을 내가 다시 되찾는 일입니다. 그러기 위해서 나의 마음을 고요하게 관찰하는 것입니다.

이는 괴로운 감정이나 부정적인 생각을 억누르는 태도와는 다릅니다. 괴로운 생각이나 기억이 나를 아프게 하기 때문에 의식 속에서 지우려고 애쓰는 것 또한 하나의 자동화된 반응이기 때문입니다. 감정을 억누르면 정신적 에너지가 소모되고 억눌린 감정은 나중에 더 큰 문제를 일으킵니다. 마음챙김 명상에서는 부정적인 생각이 의식 속에 떠오르더라도 억지로 억누르거나 판단하지 말고 고요하게 바라보라고 말합니다. 주관적 경험과 감정을 개입시켜서 자동적으로 2차적인 생각으로 발전되지 않도록, 그저 그런 생각이 떠올랐음을 인정하고 흘러가도록 두라고 합니다. 거기서부터 상황에 대한 객관적 판단이 가능해지고 같은 사건을 겪더라도 감정적으로 고통을 덜 느끼게 됩니다.

| 위로에서 끝나면 안 되는 이유 |

우울증을 예로 들어봅시다. 상담을 통한 치료에서 우울감의 원인을 찾아가다 보면 근본이 되는 문제를 발견할 수 있습니다. 기존에 치료자들은 우울증 환자의 부정적이고 왜곡된 신념을 직접 변화시키는 데 중점을 두었습니다. 상담을 통해 내담자가 세상을 어떻게 바라보는지 파악하여, 왜곡되거나 지나치게 부정적인 사고들을 현실적이고 유용한 해석으로 교체하도록 도와줍니다. 이는 효과적이고 약물치료와 더불어 우울증에 가장 중요한 치료방법입니다. 하지만 치료자들은 한계를 발견했습니다. 치료를 통해 내담자의 왜곡된 인지와 자동화된 부정적인 사고를 발견하고 교체했지만, 신체적 컨디션이나 기분에 따라서 부정적 사고가 재활성화되면 우울증이 재발한다는 것을 알게 된 것입니다.

치료자들은 결국 상담을 통한 처치나 조작으로 내담자의 부정적인 사고과정과 내적인 경험을 변화시키는 데는 한계가 있으며, 환자 스스로 자신의 경험에 대해 이전과 다른 방식으로 관계 맺는 방식을 배우고 체험하는 것이 보다 근본적인 치료임을 알게 되었습니다. 이것이 최근 마음챙김 명상이 인지치료에 적극적으로 도입되는 이유입니다.

'말을 물가로 데려갈 수는 있지만 물을 마시게 할 수는 없다'라는 말이 있습니다. 고통을 겪고 있는 이에게 타인의 위로와 치료는 반드시 필요하지만 그것으로는 충분하지 않습니다. 고통을 극복하는 과정의 시작과 끝은 결국 스스로를 바라보는 내면의 힘에서 비롯되기 때문입니다. 누구나 위로를 필요로 하고 어쩌면 당신이 이 책을 집어 든 것도 같은 이유일지 모르겠습니다. 지친 몸과 마음을 이끌고 울면서 달려온 당신에게 '참 고생했어. 이제 그만 애쓰고 몸과 마음을 좀 쉬어도 괜찮아'라는 말을 해줄 누군가를 찾고 있었겠지요. 저는 당신이 이 책을 통해 위로를 얻었으면 좋겠습니다. 하지만 거기서 끝나지 않았으면 좋겠습니다. 당신이 원하는 건 그저 위로받은 기분이 아니라 아프지 않게 세상을 살아가는 방법일 테니까요. 오늘 하루만 위로받은 기분으로 잠들고, 내일 세상에서 다시 상처받고 울면서 잠들기를 원하지는 않을 테니까요. 그래서 이제는 당신의 몸과 마음에서 나오는 소리에 스스로 귀를 기울여야 합니다. 그래서 지금, 이 시간부터 스스로의 마음을 들여다보기 시작했으면 합니다.

| 마음챙김 명상을 위한 7가지 태도 |

존 카밧진 교수는 저서 《마음챙김 명상과 자기치유上》에서 '알아차림' 상태를 유지하기에 앞서 가져야 할 7가지 태도를 제시합니다.

첫 번째는 '판단하지 않기'입니다. 우리가 체험하는 안팎의 경험에 대해서 그동안 언제나 자동적으로 판단하여 반응해왔다는 사실을 알아차리고, 한 발짝 뒤로 물러서서 관찰하는 것입니다. 기계적이고 자동적으로 모든 것을 판단하려는 태도는 우리가 객관적이고 종합적인 판단을 하는 데 방해가 되기 때문입니다.

두 번째는 '인내'입니다. 명상을 하거나 일상생활에서 마음챙김 상태를 유지하려고 노력하더라도 긍정적 변화가 나타나기까지 나름의 시간이 필요하다는 사실을 인정해야 합니다. 인내는 모든 순간을 온전히 수용하는 것이고 나의 내면의 변화에 시간이 걸리는 것도 내가 받아들여야 하는 사실입니다.

세 번째는 '초심자의 마음'입니다. 모든 것을 마치 처음 대하듯이 보아야 합니다. 어떤 사람을 만나든 어떤 사건을 겪든 기존의 경험을 통해서 자동적으로 판단하지 않고 처음 보듯이 있는 그대로 보고자 하는 노력입니다.

네 번째는 '스스로에 대한 신뢰'입니다. 자기 자신과 자신의 느낌에 대해 깊은 믿음을 키워나가는 것이 명상 훈련의 중요한 요소입니다. 궁극적으로 매 순간 나의 삶을 살아야 할 것은 나 자신이고 타인에게 의존할 수 없습니다. 내가 가진 지혜와 선량함을 믿고 고통을 이겨내야 한다는 것을 이해해야 합니다.

다섯 번째는 '지나치게 애쓰지 않기'입니다. 우리의 일상적 행위에는 어떤 목표가 있지만 명상에서는 이런 목표지향적인 태도가 오히려 장애가 됩니다. 명상은 무언가 되려고 애쓰지 않는 것이고, 그 목표는 '내가 나다워지는 것' 외에는 없습니다. 무위無爲의 태도를 가질 때 나의 힘을 찾고 내가 가진 문제점을 자연적으로 해결할 수 있습니다.

여섯 번째는 '수용'입니다. 사물을 실제 있는 그대로 바라보고 매 순간을 오는 대로 받아들여 그것과 온전히 함께하는 것입니다. 자동적인 판단과 편견에 의해 시각적 판단이 흐려져 있을 때 수용을 통해 보다 명확한 판단을 할 수 있습니다.

일곱 번째는 '내려놓음'입니다. 나의 욕심 때문에 내려놓지 못하고 집착하는 생각이 있음을 인식하고 그것을 내려놓는 것입니다. 우리의 마음은 좋아하는 것은 붙잡으려 하고 싫어하는 것은 배척하려 하는데, 이렇게 붙잡거나 배척하지 않고 있는 그대로를 관찰해야 한다는 뜻입니다.

적
/ 용
/ 해
/ 보
/ 기

MBSR은 본래 8주간 다양한 방식으로 진행되는 프로그램이지만 여기서는 집에서 혼자 할 수 있는 '정좌명상' 위주로 소개하고자 합니다. 그룹을 이루지 않고 혼자서 하는 명상은 큰 의지를 필요로 합니다. 건강을 위해 시간을 내서 피트니스센터를 가듯이 명상도 시간을 내서 해야만 합니다. 적어도 일주일에 5회, 두 달 이상은 꾸준히 하도록 합시다. 좀 더 본격적으로 명상에 참여하고자 한다면 마음챙김 명상 프로그램을 운영하는 단체나 의료기관을 찾아 전문가의 도움을 받아보시기를 권해드립니다.

그러면, 앞에서 제시한 7가지 태도를 염두에 두고 다음 정좌명상을 시행해봅시다.

1단계 : 호흡에 집중하기

– 등을 똑바로 펴고 의자나 바닥에 앉습니다.

– 몸, 특히 어깨와 목을 이완시키고 편안한 기분으로 천천히 호흡하며 숨이 들어왔다 나가는 것에만 집중합니다.

– 때때로 호흡에서 주의가 흐트러지고 잡념이 떠올라도 조급해할 필요는 없습니다. 내 의식 속에 생각이 떠오르는 것은 막을 수 없기 때문입니다. 생각이 떠오르면 생각이 떠올랐다는 것을 인식하기만 합니다. 그 생각의 내용에 휘말려서 발전시키지 말고 그저 한 발 떨어져 바라보고 판단을 유보합니다. 그러면 생각이 흘러갈 틈이 생깁니다. 그렇게 다시 호흡에 주의를 돌리고, 이를 반복하면 됩니다.

– 적어도 일주일 동안 하루 한 번씩 실시하며 점차 시간을 늘려갑니다. 30분 이상 호흡에 집중할 수 있을 때 다음 단계로 넘어갑니다.

- 호흡에 집중하는 명상법은 가장 기본적이면서도 가장 중요합니다. 호흡 명상만으로도 마음챙김의 핵심적인 목표는 다 이룰 수 있기 때문에 호흡 명상만 8주 이상 실시하는 것도 좋은 방법입니다. 조급한 마음 때문에 호흡 명상을 충분히 하지 않고 다음 단계로 넘어가는 것은 좋지 않습니다.

- 4부 '제대로 숨 쉬고 있습니까'에 나오는 호흡법과 함께 시행하면 더 효과적입니다.

2단계 : 신체에 집중하기

- 등을 똑바로 펴고 앉아 편안하게 몸을 이완시킵니다.

- 호흡에 집중하는 데 충분히 익숙해져 어느 정도 긴 시간을 집중할 수 있게 됐다면, 내가 주의를 기울이는 곳을 호흡에서 좀 더 넓은 범위로 확대합니다.

- 호흡과 몸이 하나가 되는 감각을 의식하면서 내가 주의를

기울이는 범위를 복부부터 몸 전체로 넓혀나갑니다. 그리고 몸에서 느껴지는 감각에 집중합니다.

- 명상에 집중하는 시간이 길어지면 신체에 이상한 감각이 느껴질 수 있습니다. 심지어 어떤 이들은 환청이 들릴 때도 있다고 말합니다. 하지만 그 역시 나의 관찰과 주의의 대상일 뿐입니다. 명상 수련을 표방하는 어떤 종교단체들은 이런 특이한 감각들을 강조하면서 종교적인 의미를 부여하는 경우가 많습니다. 하지만 이런 경험은 집중을 하는 동안 뇌에서 일어나는 작용의 결과일 뿐입니다. 신비적인 의미를 부여할 필요는 없습니다. 그런 감각에 집착할수록 '내 자신을 들여다본다' 라는 명상의 원래 의미에서 멀어질 뿐입니다. 특이한 감각을 느낀다고 해도 그저 '내 몸에 이런 감각이 느껴지는구나' 하고 관찰만 하면 됩니다.

3단계 : 생각과 감정에 집중하기

- 안정적으로 호흡에 주의를 기울이고 있을 때 이제는 마음속에 떠오르는 생각들로 주의를 돌려봅니다.

– 직접 그 생각들을 발전시키지 말고, 그저 마음속에서 일어나는 각각의 '사건'처럼 생각합니다. 이때 내가 그 속으로 끌려들어가지 않도록 합니다. 그저 관찰자의 입장에서 내 마음속에 떠오르는 생각들을 볼 때 어떤 느낌이 드는지 다시 관찰합니다.

– 하나의 생각이 떠올랐다가 다른 생각이 떠오르면서 의식이 옮겨가는 과정을 억제하지 말고 자연스럽게 관찰합니다. 하나의 생각이 생각보다 오래 지속되지 않고 쉽게 옮겨간다는 것을 알게 될 것입니다.

– 여러 생각이 모두 사라지면 다시 호흡에 집중합니다.

– 이 명상법은 상당한 집중력이 필요하기 때문에 초반에는 5분 이내로 짧게만 하고, 처음에 나온 호흡 명상을 주로 실시하다가 조금씩 늘려가는 것이 좋습니다.

4단계 : 일상에 적용하기

– 위의 명상법 훈련을 통하여 일상에서도 '지금 여기서' 일어나는 일에 집중할 수 있는 힘을 얻게 됩니다. 만약 당신이 걷고 있다면 발에서 느껴지는 감각과 내 얼굴에 부딪히는 공기의 온도, 주변의 풍경을 볼 때 생겨나는 감정에 주의를 기울이고 관찰할 수 있습니다. 책을 읽거나 샤워를 하는 등 다른 일에서도 마찬가지입니다. 이전에는 내 머릿속이 과거나 미래로 가득 차 있었다면, 마음챙김 훈련을 통하여 현재에 머무는 힘을 기를 수 있고 지금 여기서 나에게 느껴지는 감각과 느낌에 주의를 기울일 수 있습니다. 그러면 이전에 나를 끈질기게 괴롭히고 아프게 하던 감정도 몸의 감각과 같이 내 마음속에서 생겨났다가 사라지는 과정의 일부임을 깨닫게 될 것입니다.

잘 먹는 태도에 관하여

무엇을
안 먹느냐가
더 중요하다

합리적인 음식 섭취가 인간의 건강 유지에 가장 중요한 요소 중 하나라는 데는 이견이 없을 것입니다. 건강하게 먹는 것에 대한 고민인 음식양생飮食養生은 오래전부터 양생에서도 중요하게 다루는 분야였습니다. 주나라의 관직 체계에 대한 내용을 담은 《주례周禮·천관天官》의 기록을 보면 여러 의사들 중에서도 식사를 담당하는 식의食醫를 높은 지위로 두었습니다. 식의는 음식의 종류와 맛을 결정하여 왕의 건강을 돌보고 질병을 예방하는 일을 담당했습니다. 이를 통해 이미 고대부터 음식양생의 중요성을 높게 평가했다고 볼 수 있습니다.

한의사인 저도 어떤 음식을 먹는 것이 좋으냐는 질문을 많이 받습니다. 개개인의 체질과 건강상태에 따라 차이는 있지만 양생에서 제시하는 대명제는 명료합니다. 청담淸淡한 음식입니다. 청담이란 맛이 맑고 옅으며 담담하다는 뜻입니다.

정精이 부족한 것은 음식으로 보충한다. 정이란 한의학에서 말하는 인체의 모든 생명활동의 기초가 되는 가장 기본적이고 중요한 물질이다. 그러나 너무 향기롭고 맛이 진한 음식은 정을 생기게 할 수 없고, 오직 담담한 맛만이 정을 보할 수 있다.

- 《동의보감東醫寶鑑》 중에서

청담한 음식이란 현대에 구체적으로 적용한다면 무엇일까요? 어떤 음식이 청담하다고 얘기하는 것보다는 어떤 음식이 청담하지 않은 음식인지 말씀드리는 것이 좀 더 좋을 듯합니다. 많은 사람이 어떤 음식이 좋다더라 하면 솔깃하여 유행처럼 따라다니지만, 음식양생에서는 어떤 음식을 먹느냐보다 어떤 음식을 먹지 않느냐가 중요하기 때문입니다.

| 자극적인 맛을 가진 음식 |

첫 번째, 맛을 기준으로 생각해볼 수 있습니다. 한의학에서 약과 음식을 분류하는 기준 중에 오미五味라는 것이 있습니다. 신맛·쓴맛·매운맛·단맛·짠맛 등 다섯 가지의 맛을 가리킵니다. 이 다섯 가지 맛은 그 음식이 가진 성질, 즉 우리에게 미치는 영향과 관련이 있습니다. 예를 들어 고추에 들어있는 캡사이신capsaicin이나 후추에 들어있는 캬비신chavicine은 매운맛을 내는데, 인체에 작용할 때 땀이 나게 하고 혈관을 확장시키며 소화액 분비를 촉진합니다. 하지만 과하면 식도염이나 위염을 일으키기도 합니다. 짠맛을 내는 소금은 체액의 삼투압을 유지하는 데 반드시 필요하고 적게 섭취하면 어지럼증, 경련 같은 신경계 장애를 일으키기도 하지만 현대에는 대부분 과해서 문제가 됩니다. 지나친 염분 섭취는 부종, 고혈압, 신장질환 등을 일으킵니다.

맛을 맑고 담백하게 하라는 것은 오미를 조화롭게 해서, 치우친 성질이 우리 몸을 손상시키지 않도록 하라는 뜻입니다. 오늘날에는 특히 우리 식탁을 넓게 차지한 지나치게 맵고 짠 음식들을 경계해야겠지요. 자극적인 음식을 피하고 은은한 맛을 가진 여러 음식을 골고루 섭취하라는 의미도 됩니다.

또 이런 자극적인 음식들이 우리의 마음에 미치는 영향도 생각해보아야 합니다. 지나치게 자극적인 음식은 식욕을 자극해 과식하게 하고 우리 몸을 약간의 흥분 상태로 만듭니다. 불가에서는 파, 마늘, 달래, 부추, 흥거를 오신채五辛菜라 하여 금지합니다. 이 다섯 가지의 맛이 지나치게 자극적이어서 수양하는 데 방해가 된다고 보았기 때문입니다. 항상 자극적인 음식에만 입맛이 길들여지면 담담한 맛의 음식은 맛이 없게 느껴지는 것처럼, 오신채가 수양하는 이들의 욕심을 일으켜 눈을 어둡게 하고 정신을 흐트러지게 한다고 보았습니다. 마음의 수양을 하는 이들이 자극적인 음식을 멀리하고 담담한 음식으로 마음을 다스리는 모습은 우리에게도 시사하는 바가 있을 것 같습니다.

| 정제된 음식 |

정제된 음식이란 자연 상태 그대로가 아니라 인간이 먹기 편하도록 부드럽게 다듬어진 상태의 음식을 말합니다. 흰 밀가루, 흰 쌀밥, 흰 설탕 등이 해당합니다. 정제된 음식과 반대되는 단어를 생각해본다면 채소나 통곡물 등을 가리키는 '거친

음식' 정도가 되겠네요. 양생가들은 입맛에 딱 맞는 부드러운 음식이 아니라 소박하면서도 거친 음식을 섭취하라고 이야기합니다.

쌀을 예로 든다면 벼에서 왕겨를 제거한 것을 현미라고 합니다. 여기서 겉을 더 깎아내어 쌀눈과 쌀겨층을 완전히 없애면 배젖 부분만 남는데 이것이 우리가 흔하게 먹는 백미입니다. 백미는 수분을 제외하면 대부분 탄수화물로 구성되어 있습니다. 우리가 소화하기 가장 쉬워서 빠르게 에너지를 얻을 수 있고 입에도 잘 맞습니다. 하지만 그것이 문제가 됩니다. 탄수화물 외에도 우리 몸에 필요한 나머지 영양소인 비타민, 무기질, 식이섬유 등은 벗겨진 쌀겨와 쌀눈에 존재하기 때문입니다.

우리가 이처럼 새하얀 쌀밥을 먹게 된 것은 기계를 통한 벼의 도정이 도입된 이후입니다. 절구를 빻아서 벼의 껍질을 벗겨내던 시절에는 아무리 최대한 껍질을 벗겨내려고 해도 지금 우리가 먹는 새하얀 쌀을 만들어내는 것은 불가능했습니다. 조상들과 달리 백미를 먹는 우리의 식습관은 식이섬유와 비타민, 미네랄 등 필요한 영양소를 충분히 담지 못하고 탄수화물만 과하게 섭취하도록 해서 영양 불균형을 초래합니다.

다른 음식을 통해 영양분을 섭취하면 되지 않느냐고 하는 사람도 있지만 백미와 같은 정제된 곡물에는 또 다른 단점이 있습니다. 바로 지나치게 소화가 빠르다는 점입니다. 이것을 객관적으로 나타낸 수치가 GI glycemic index 지수입니다. GI지수는 우리가 식품을 먹었을 때 혈당이 얼마나 빠른 속도로 올라가는지를 수치로 나타냅니다. GI지수가 높은 음식은 장기적으로 우리에게 좋지 않은 영향을 미치는데, 정제된 음식은 거친 음식에 비하여 GI지수가 높습니다.

식사를 하면 포도당을 흡수하여 혈당량이 높아지고 몸에서는 혈당량을 다시 낮추기 위해 인슐린을 분비합니다. 인슐린은 혈액 중의 포도당을 세포 안으로 저장하는 역할을 해서 혈당량을 낮춥니다. 인체는 이 같은 과정을 통해 혈당량을 일정하게 유지합니다. 그런데 정제된 음식을 주로 먹으면 소화가 빠르게 되어서 혈당량이 급격하게 올라가므로 인슐린 역시 급격하게 분비됩니다. 혈당을 빠르게 낮추기 위해 인슐린은 당을 지방으로 합성하여 몸에 저장합니다. 이 과정이 반복되면 비만을 유발할 뿐 아니라 인슐린의 기능 자체가 떨어집니다. 이 상태가 현대인들이 앓고 있는 당뇨병의 대부분을 차지하는 2형 당뇨병입니다. 반면에 식이섬유가 많이 포함되어 거칠고 소화 속도가 느려서 혈당량을 천천히 올리는 음식을 먹으면 인슐린이 여유 있게 분비되어 서서히 혈당을 낮출 수 있습니다. 이처럼 현미는 백미에 비하여 여러 가지 장점이 있습니다. 통밀과 같은 다른 곡물도 마찬가지입니다.

| 고량후미 |

고량후미膏粱厚味란 기름진 고기와 좋은 곡식으로 만들어 맛이 진한 음식들을 말합니다. 흔히 맛 좋고 진귀한 음식을 가리키는 산해진미山海珍味와 같은 뜻입니다. 일반적으로 산해진미라 하면 좋은 음식이라는 뜻으로 쓰지만 양생학에서는 지나치게 좋아해서는 안 되고 멀리해야 할 음식으로 여깁니다. 민간에서는 '약왕'으로 도교에서는 선인으로 불렸던, 당나라의 의학자이자 양생가인 손사막은《천금요방千金要方》에서 이에 대해 다음과 같이 얘기합니다.

풍년일 때 질병이 많고 흉년일 때 질병이 더 적다. 또한 관중
지방은 풍속이 검소하여 음식이라고는 절인 채소와 된장류

뿐이지만 그곳 사람들은 병이 적고 장수한다. 하지만 강남 영표 지역은 산물이 풍부한 지역으로 바다와 육지의 음식을 모두 갖추고 있지만 그곳 사람들은 오히려 질병이 많고 곧잘 요절한다.

- 《천금요방》 중에서

우리는 막연하게 지금과 달리 먹을 것이 부족하던 과거에는 못 먹어서 병에 걸리는 경우가 대부분이었을 것이라고 생각합니다. 하지만 양생가들은 기름지고 맛있는 음식을 지나치게 먹어도 병을 만드는 경우가 많다는 것을 이미 알고 있었습니다. 한의학에서 고량후미를 많이 섭취하면 습열濕熱이나 담痰이 발생한다고 보는데 현대적으로 얘기하면 비만과 몸에 쌓인 병리적인 대사산물을 뜻합니다.

요약하자면 특별한 질병이 없는 사람은 평소 건강을 위해서 그저 담담하고 성질이 치우치지 않은 음식들을 골고루 먹으면 됩니다. 시시하고 별것 없는 말 같지만 늘 자연스럽고 당연한 사실이 진리에 가까운 법입니다.

적
- 용 -
- 해 -
- 보 -
- 기 -

1. 일상 속의 식재료 대체하기

사회생활을 하면서 앞에서 말한 음식들을 모두 가려서 먹는 것은 사실 불가능합니다. 하지만 일상적으로 자주 섭취하는 음식부터 하나씩 대체해가는 것도 의미가 있습니다. 비용과 노력을 더 들여서라도 조금 더 건강한 식탁을 만들어간다면 시간이 흐를수록 내 몸에 큰 차이를 만들어낼 것입니다.

백미 → 현미를 포함한 잡곡밥

소화력이 좋지 않은 사람은 현미를 소화하기 쉽지 않은 경우가 많습니다. 현미는 물에 충분한 시간 동안 불려서 사용하는 것이 좋고 소화가 어려우면 백미와 섞어서 사용합니다. 또는 현미와 백미의 중간 정도로 쌀겨를 벗겨낸 오분도미로 밥을 지어도 됩니다. 현미에 싹을 틔운 발아현미는 현미보다 부드럽고 소화도 잘되며 영양분도 풍부하므로 발아현미를 사용해도 좋습니다.

수입산 흰 밀가루 → 우리밀 통밀가루

밀가루는 밀의 껍질을 벗겨 가루를 낸 것이고 통밀가루는 밀의 껍질을 벗기지 않고 가루를 낸 것입니다. 통밀가루는 흰 밀가루에 비해 거친 느낌이 들지만 여러 영양분과 식이섬유가 풍부하며 고소하고 담백한 특유의 풍미가 있습니다.

백설탕·흑설탕 → 유기농 비정제 설탕

설탕의 제조과정을 살펴보면 사탕수수의 즙에서 1차로 추출한 것이 원당입니다. 식품회사들은 이 원당 상태로 수입한 다음 여러 가지 과정을 거쳐 정제해서 백설탕을 만듭니다. 흔히 흑설탕이 백설탕보다 몸에 더 좋다고 알고 있는데 시중에 일반적으로 유통되는 흑설탕은 백설탕에 캐러멜색소를 첨가하여 만든 것으로 백설탕과 다르지 않습니다. 유기농 사탕수수로 만든 원당을 설탕 대신 사용할 수 있습니다. 설탕의 종류를 대체해도 좋지만 당분 섭취량 자체를 줄이는 습관이 더 중요합니다.

맛소금·정제염 → 자염

정제염은 바닷물에서 전기로 불순물을 제거하고 농축해서 만든 99.5% 이상의 염화나트륨 결정체입니다. 불순물을 제거했기 때문에 위생적이지만 염화나트륨 외의 다른 미네랄 성분도 함께 제거된다는 단점이 있습니다. 맛소금은 여기에 MSG(글루탐산나트륨)를 첨가해 감칠맛이 나게 만든 소금입니다.

흔히 천일염을 우리 조상들이 소금을 얻던 전통적인 방식으로 생각하지만, 사실 염전에서 천일염을 만드는 것은 도입한 지 백 년 정도밖에 안 된 근대적인 방식입니다. 전통적으로는 삼국시대 이전부터 바닷물을 끓여서 소금을 얻어왔습니다. 이것을 자염이라고 합니다. 정제염과 달리, 순수한 염화나트륨 말고도 여러 무기염류가 포함되어 있습니다. 무기염류는 우리 몸에 필요한 성분들이면서 그 자체로 짠맛을 내므로 같은 양의 짠맛을 낸다면 정제염을 사용할 때보다 나트륨 섭취를 줄일 수 있게 도와줍니다. 또한 무기염류 중 칼륨은 몸에서 나트륨의 배출을 돕기도 합니다. 이렇게 정제염을 자염으로 대체해도 좋지만 역시 소금 자체를 덜 사용해 간을 싱겁게 하는 것이 더 중요합니다.

2. GI지수 확인하기

앞에서 음식이 우리 몸에 들어왔을 때 혈당량을 올리는 속도를 나타내는 GI지수가 있다고 말씀드렸습니다. GI지수가 낮을수록 혈당량을 올리는 속도가 느리고 좋은 음식입니다.

저 GI식품 (55이하)	미역	16	아몬드	25
	콩	30	오렌지	31
	블루베리	34	사과	36
	두부	42	현미	55
중 GI식품 (56~69)	건포도	57	호밀빵	58
	감자칩	60	아이스크림	61
	고구마	61	황도 통조림	63
	파스타	65	파인애플	65
고 GI식품 (70이상)	라면	73	도너츠	76
	콘플레이크	81	딸기잼	82
	흰 쌀밥	85	초콜릿	90
	떡	91	식빵	91

GI지수가 낮은 음식이라고 무조건 많이 먹어도 된다는 뜻은 아닙니다. 당분의 섭취량 자체가 많지 않아야 합니다. 그래서 GI지수에서 평균적인 1회 섭취량까지 고려한 GLglycemic load지수를 사용하기도 합니다. GI지수는 건강한 음식을 선택하는 데 참고할 수는 있지만 조리법 등에 따라 바뀌므로 절대적인 기준은 아닙니다.

약재에 대한
오해들

건강에 대한 관심이 높아진 요즘 TV에서는 하루가 멀다 하고 건강에 도움이 된다는 약재들이 소개됩니다. 진료를 하다가 환자의 상태가 이상해서 살펴보면 인터넷이나 TV를 통해서 본 약재들을 맘대로 달여 꾸준히 먹어서 부작용이 생겼음을 확인할 때가 많습니다. 그럴 때마다 아무 약재나 달여 먹는 것이 건강에 전혀 도움이 되지 않고 진단 없이 장기적으로 몸에 맞지 않는 약재를 먹으면 위험할 수 있다고 강조하지만 환자들의 의식을 바꾸기는 쉽지 않은 듯합니다.

약식동원藥食同原이라는 말이 있습니다. 약과 음식의 근원은 하나라는 뜻입니다. 한의학에서는 자연에서 나는 동물, 식물, 광물을 약으로 쓰기 때문입니다. 한약은 그래서 화학적으로 합성되거나 정제된 약에 비해서 부작용과 몸에 대한 부담이 훨씬 적습니다. 또한 약식동원이라는 말은 좋은 음식들을 잘 배합해 먹으면 마치 약처럼 우리의 건강에 좋다는 의미도 됩니다. 좋은 밥은 약이 된다는 것이지요. 하지만 어떤 이들은 약식동원이라는 말을 약재를 음식처럼 일상적으로 먹어도 된다는 뜻으로 여기기도 합니다. 이는 매우 잘못된 생각입니다. 밥은 약이 될 수 있지만 약은 밥이 될 수 없습니다.

| 모든 사람에게 좋은 약은 없다 |

왜 음식은 골고루 먹으라고 하면서 약은 아무것이나 먹으면 안 된다고 할까요? 약과 음식의 차이는 무엇일까요? 오른쪽 그림을 봅시다.

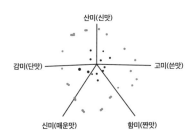

앞에서 음식과 약의 성질을 분류하는 오미라는 기준이 있다고 말씀드렸습니다. 자연에서 채취한 동식물들이 오미를 기준으로 분류했을 때 어떤 성질에 치우쳐 있는지 살펴보면 위 그림처럼 표시할 수 있습니다. 물론 약과 음식을 분류하는 기준에 오미 하나만 있지는 않고, 한 가지 음식에 여러 가지 성질이 있기도 합니다. 그래서 실제로 표시한다면 입체적이고 매우 복잡한 형태가 될 테지만 편의상 단순화하여 평면 위에 점을 찍어보았습니다.

앞의 그림에서 검은 점들은 여러 성질 중에서 한쪽으로 크게 치우쳐 있지 않습니다. 이것이 음식입니다. 성질이 강하지 않기 때문에 평소에 일상적으로 먹으며, 특별한 질병이 없다면 누가 먹어도 해가 되지 않고 골고루 먹음으로써 우리를 건강하게 해줍니다.

그런데 바깥에 있는 녹색 점들은 성질이 치우쳐 있습니다. 치우쳐 있기 때문에 그 성질이 필요하지 않은 사람에게는 도움이 되기는커녕 해가 됩니다. 하지만 우리 몸이 균형을 잃어 정상 상태가 아닐 때 그것을 치료할 수 있는 힘을 가집니다. 즉, 약이 약이 되는 이유는 성질이 치우쳐 있기 때문입니다. 따라서 약의 성질이 상대적으로 온화한지 강한지의 차이는 있을 수 있어도 '모든 사람에게 좋은 약'이란 세상에 없습니다. 현대 일본 한의학에 가장 많은 영향을 끼친 의학자 길익동동吉益東洞은 《약징》이라는 책에서 '모든 약은 독이다'라는 과감한 의견을 펼칩니다. 약을 사람과 상황에 맞춰서 쓸 때 병을 치료할 수 있는 이유는 약의 성질이 치우쳐서 독에 가깝기 때문이라는 것입니다. 물론 한약은 생약이므로 화학약에 비해서 몸에 부담이 훨씬 덜하지만 그 역시 약이므로 진단 없이 장기 복용하면 문제가 생길 수 있습니다. 한의사들은 부작용이 발생하지 않도록 진단을 통해서 적절한 용량으로 약을 처방하고 약재에 따라 독성을 제거할 수 있도록 법제하여 사용합니다. 법제란 약재의 재료가 되는 자연 상태의 동물, 식물, 광물 등을 가공하는 과정을 말합니다. 이 과정을 통해 독성을 제거하여 안전하게 하고 효능을 높이기도 합니다. 찌거나 굽거나 술·기름·식초 등으로 처리하는 다양한 법제 과정을 통하여 약재가 나타내는 성질은 크게 달라집니다.

또한 환자에게 맞는 약재더라도 약재에 대한 인체의 반응은 매우 다양하므로 부작용을 최소화하고 효과를 높이기 위하여 여러 가지 약재를 조합하여 사용합니다. 참고로 일본에는 한의사 제도가 따로 구분되어 있지 않고 일반 의과대학에서 한의학을 가르치며 의사들이 한약을 처방합니다. 2008년 일본 전역의 의사들을 대상으로 한 조사에 따르면 전체 의사의 83.5%가 현재 한약을 실제 처방한다고 밝혔습니다.

의료용 약재와 식품용 약재

약재를 함부로 달여 먹어서는 안 되고 처방을 받아 먹어야 하는 이유는 또 있습니다. 바로 시중에 유통되는 약재 자체의 안전성 때문입니다. 시장이나 마트에서 구매할 수 있고 건강기능식품에 들어가는 약재들은 식품용 한약재이고, 한의원이나 한방병원에서 처방하는 약에 들어가는 한약재는 의료용 약재로 유통구조가 완전히 다릅니다. 의료기관에서는 시중에 유통되는 식품용 한약재 사용이 불법이고 의료기관에 공급되는 의료용 한약재는 시중에 유통되는 것이 불법입니다.

의료용으로 사용되는 약재는 식품의약품안전처의 관리를 받아 잔류농약, 잔류중금속, 유효성분 등의 기준을 통과한 것들만 제약회사를 통해 규격품의 형태로 공급됩니다. 의료기관은 이렇게 규격품으로 공급되는 약재만 사용할 수 있습니다. 반면에 시중에 유통되거나 건강기능식품에 포함된 약재들은 식품의 기준을 적용받기 때문에 검사 기준이 훨씬 느슨하고 그마저도 제대로 검사되지 않고 유통되는 경우가 많습니다. 의료용 한약재의 높은 기준을 만족시키지 못하는 약재들이 식품용 약재로 유통되는 것입니다.

간혹 뉴스에서 한약재의 중금속이나 농약 문제 등이 보도되는데 이는 대부분 시중에 유통되는 식품용 약재들에 해당합니다. 의약품의 기준을 적용받아 제약회사를 통해 공급되는 의료기관의 한약재들은 사실 우리 밥상에 올라오는 식품보다도 통과기준이 엄격합니다. 예를 들어 대표적인 유해 중금속인 카드뮴의 허용기준이 의료용 한약재는 현재 0.3ppm 이하인 데 비해 쌀은 0.4ppm 이하, 어패류는 2ppm 이하입니다. 또한 서울시 보건환경연구원에서 2017년 발표한 논문에 따르면 서울시내 155개의 한의원에서 무작위로 한약을 추출하여 중금속과 농약, 이산화황 검사를 한 결과 모두 기준치 아래의 수치가 검출되었고, 그 수치는 우리가 일반적으로 먹는 채소나 인삼음료의 최대 허용치의 20%에 불과할 정도로 안전하다는 결론을 내렸습니다.

　반면 시중에 식품으로 나오는 한약재는 유통 및 관리체계가 의약품용 한약재보다 훨씬 느슨하여 좀 더 높은 관리 감독이 필요하다는 지적이 계속해서 나오고 있습니다. 그런데도 소비자들은 한약이 식품용과 의료용으로 구별된다는 사실을 모르거나 오히려 식품용 한약이 더 안전할 것이라고 오해하기도 해서 더 정확한 정보가 알려질 필요가 있습니다.

　정리하자면, 양약이건 한약이건 나의 신체적 증상을 개선하고 질병을 치유하고자 하는 목적이라면 반드시 전문가의 진단과 처방을 통해서 복용해야 합니다. 특별히 몸에 이상이 없는데도 매체들을 따라다니며 내 몸에 무언가를 더하려고만 했다면, 그게 욕심은 아니었는지 생각해보았으면 합니다. 그리고 이제는 무엇을 먹지 않을지, 어떻게 내 몸을 비워낼지를 고민해봤으면 합니다.

질 / 문 / 해 / 보 / 기

지금 의사나 한의사에게 처방받지 않고 자의적으로 복용하는 약품이나 한약재가 있다면 아래 질문에 답해봅시다.

1. 그것을 복용하는 구체적인 이유와 내 몸에 미칠 영향에 대해서 진지하게 고민해보았나요? 혹시 비전문가인 주변인들의 좋다고 하는 말에 단순히 휩쓸린 것은 아니었나요?

2. 그동안 몸에 약을 더하는 방법으로 건강을 챙기려 했다면, 이제는 내 몸에 맞지 않는 음식과 식습관을 멀리하는 데 그만큼 노력을 더 기울여보는 건 어떨까요?

배고픈 것인가,
외로운 것인가

음식양생에서 무엇을 먹는지보다 중요하게 여기는 것이 바로
음식유절飮食有節, 음식에 절제가 있어야 한다는 것입니다. 손
사막은 이에 대해 아주 간단하게 말합니다.

> 자신의 생명을 잘 기르는 자는 배가 고플 때만 먹고 목이 마
> 를 때만 마신다.
>
> -《천금요방》 중에서

김이 빠질 정도로 너무 당연한 이야기인가요? 밥을 먹으

면 배부르다는 소리만큼이나 당연한 얘기 같지만 우리가 이를 실천하고 있는지 생각해본다면 그렇게 쉬운 이야기만은 아닙니다. 양생에서 음식을 절제하라는 조언은 두 가지로 나누어 생각해볼 수 있습니다.

첫째는 음식을 많이 먹는 것이 건강에 도움이 되지 않고, 적게 먹는 것 자체가 생리적으로 우리에게 좋다는 것입니다. 이는 이제 현대인에게도 익숙한 상식과 같은 명제가 되었습니다. 절제하지 못하는 음식섭취는 비만, 대사증후군, 당뇨, 그 외 여러 심혈관계 질환을 야기할 뿐만 아니라 여러 연구 결과를 통해서 적게 먹는 것이 장수에 중요한 역할을 한다는 것이 밝혀졌습니다. 〈사이언스Science〉에 실린 미국 위스콘신대 의대의 연구 결과가 대표적입니다. 이 연구는 1989년부터 2009년까지 총 76마리의 원숭이를 20년간 관찰한 결과를 바탕으로 하였습니다. 다 자란 원숭이를 두 그룹으로 나누어서 한 그룹은 제한 없이 먹고 싶을 때 마음대로 먹이를 먹게 했고 한 그룹은 정상 수준의 먹이에서 30% 적은 칼로리를 섭취하도록 하였습니다. 20년이 지난 결과, 칼로리 섭취를 줄인 그룹에서는 38마리 중 14마리가 살아남은 데 비해 마음대로 먹게 한 그룹에서는 38마리 중 5마리만 생존했습니다. 다른 모든 조건이 동일한 가운데 적게 먹은 그룹의 원숭이들이 거의 3배가 생존한 것입니다. 물론 단지 오래 살기만 한 것이 아닙니다. 두 그룹의 건강상태를 비교하였을 때 소식한 그룹이 심장질환이 적었고 기억을 담당하는 뇌 부위 역시 건강했으며 당뇨도 나타나지 않았습니다.

양생에서 과식을 경계하는 두 번째 이유는 몸에 필요한 수준 이상으로 음식을 탐하는 것 자체가 욕심이기 때문입니다. 양생에서는 자신의 생명을 기르고 건강을 유지하기 위하여 과하지도 부족하지도 않은 중용中庸을 가장 중요시합니다. 그래서 감정, 수면, 노동 같은 모든 생활과 마찬가지로 음식을 먹는 일에서도 절제를 가장 중요한 미덕으로 여겼습니다.

물론 양생에서 이야기하는 이런 메시지가 우리에게 크게 특별하지는 않습니다. 지금은 부족보다는 과잉이 문제가 되는 시대이고 음식 역시 마찬가지라는 것을 우리도 익히 들어서 알고 있습니다. 다만 우리는 궁금합니다. 자제력을 잃고 과식한 후에 후회하는 현대인의 모습에서 보듯이 왜 배고픔은 쉽게 채워지지 않을까요?

| 나는 먹는다, 고로 존재한다 |

미국의 개념주의 미술가 바바라 크루거의 〈I shop, therefore I am〉은 현대사회의 소비중심주의를 비판하는 작품입니다. 우리말로 하면 '나는 쇼핑한다, 고로 존재한다' 정도가 되겠네요. 데카르트의 '나는 생각한다, 고로 존재한다'라는 말을 패러디하여 오직 소비를 통하여 자신의 정체성을 찾는 현대인의 모습을 비판하고 있습니다.

바바라 크루거
〈I shop, therefore I am〉, 1987

현대사회에서 소비는 지극한 미덕이 되었습니다. 자본주의 경제체제가 더 크고 강해지려면 더 많이 생산해야 하고, 더 많이 생산하려면 사람들이 만족을 모르고 끊임없이 소비해야 합니다. 우리는 이런 사회의 요구에 충실히 응할 뿐 아니라 소비를 통하여 나의 가치를 확인받습니다. 유행하는 물건을 구매하고 소비함으로써 '내가 이만큼 앞서가는 사람이다.' '이렇게 감각적인 사람이다'라고 과시하고자 합니다. 소비만이 내가 행복을 얻을 수 있는 유일한 수단이라 여기고 소비를 통해서 살아 있음을 느낀다는 점에서 '나는 소비한다, 고로 존재한다'라는 말은 결코 과장이 아닌 명제가 되었습니다.

먹는다는 것도 마찬가지입니다. 먹는다는 것은 소비의 아주 기본적인 형태입니다. 또한 비교적 값싸고, 그 소비를 과시할 수 있는 수단 중 하나입니다. 최근 몇 년간 불고 있는 '먹방' 열풍은 좀 더 비싼 소비를 하기에는 어려운 지금의 경제상황을 반영하기도 하지만, 또 그런 어려운 경제상황에서도 여전히 우리가 소비중심 사회의 한가운데에 있음을 명확히 보여줍니다. 새로 한국에 들어온 6,900원짜리 햄버거를 먹으려고 두 시간 동안 줄을 서서 기다리고 누구보다도 빨리 그런 소비활동을 자랑하는 SNS의 글들은 먹는다는 것이 다른 모든 소비활동과 같은 맥락에 있음을 반영합니다. SNS를 보면 하루에도 수십 명의 친구들이 새로 간 식당과 그곳의 음식 사진을 찍어 올립니다. 그리고 유행하는 음식점이 생기면 경쟁하듯이 그곳을 방문해 찍은 사진을 '인증'합니다.

과연 그 음식들이 특별히 맛있어서 서로 앞다투어 방문하고 사진을 찍어 올리는 걸까요? 그건 아닌 듯합니다. 그렇게 유행처럼 지나가는 음식들은 몇 년만 지나도 금세 관심을 잃거나 문을 닫기 일쑤입니다. 소비사회의 다른 상품들처럼 음식도 금방 시들해지고 유행이 바뀝니다. 그래야 우리가 계속해서 우리의 욕망을 자극하는 새로운 음식에 관심을 가지고 더 과식하게 만들 수 있으니까요.

| 채워지지 않는 허기 |

TV 드라마의 여주인공이 실연을 당하거나 사랑에 상처를 받으면 항상 커다란 양푼에 밥을 비벼서 먹는 장면이 나오곤 합니다. 인간관계에서 어려움을 겪을 때, 연인이 내가 사랑하는 만큼 나를 사랑하지 않음을 느낄 때, 또는 왠지 모르게 마음이 외롭고 허할 때 우리는 실제로 식욕을 느낍니다. 밥을 먹은 지 얼마 되지 않아서 생리적으로 배가 고플 상황이 아닌데도 말입니다. 정신의학자들은 실제로 많은 사람들이 배가 고파서가 아니라 우울함이나 정서적 공허함에서 벗어나기 위해 과식할 때가 많다고 지적합니다.

이런 상황이 극단적으로 나타나는 것이 바로 '폭식'입니다. 의학에서 말하는 폭식은 한정된 시간 동안 정상보다 많은 양의 음식을 먹으면서, 먹는 동안 자신이 얼마만큼 먹을지 조절하지 못하는 통제 상실감을 느끼는 상태로 정의됩니다. 그리고 이런 폭식행동의 촉발요인에 우울, 불안, 분노 같은 정서가 포함됩니다. 이런 정서에서 사람들은 실제로 허기를 느끼고 정신적 고통을 달래기 위해서 폭식을 합니다. 하지만 폭식이 결코 우리의 공허한 정서를 채워주지 못한다는 것을 우리는 경험적으로 알고 있습니다. 그리고 안타깝게도 폭식 후, 폭식의 원인이 됐던 정서들이 더 부정적으로 변한다는 연구결과도 여럿 있습니다.

어떤 이들은 이런 정서적 허기를 음식이 아니라 친밀한 인간관계로 채울 수 있다고 말합니다. 이 말은 때로는 맞지만 우리에게 크게 도움이 안 되는 경우가 많습니다. 나를 있는 그대로 바라봐주고 내면의 공허함을 채워줄 친밀한 사람이 있다면 우리의 정서적 허기를 채울 수도 있겠지요. 하지만 그럴 사람이 없다면요? 더 나아가서, 애초에 나의 정서적 허기가 그런 인간관계의 부재에서 비롯된 것이라면요?

난 욕심이 너무 깊어 더 많은 걸 갖고 싶어

너의 마음을 가질 수 없는 난 슬퍼

더 외로워 너를 이렇게 안으면

- 이소라, 〈나를 사랑하지 않는 그대에게〉 중에서

위의 노랫말처럼 우리 마음의 빈자리를 다른 사람이 채워주기를 바라는데 그것이 충분하지 못하다고 느낄 때, 혹은 다른 사람이 나의 마음을 채워주기 바라는 그 자체만으로도 우리의 슬픔과 허기는 더 커집니다. 나의 허전함을 다른 사람만이 채워줄 수 있다고 믿는 사람들은 계속해서 타인의 사랑과 관심을 갈구하고 그 허기는 쉽게 채워지지 않습니다.

| 적게 소유하고 많이 존재하기 |

앞에서 우리가 과식하는 이유 두 가지를 살펴보았습니다. 첫 번째 사례에 해당하는 사람들은 다른 모든 상품과 마찬가지로 음식을 '소비'함으로써 행복을 느끼고 자신의 정체성을 찾습니다. 그렇기 때문에 새로운 음식에 자동적으로 계속 반응하며 스스로 통제를 잃고 과식합니다. 두 번째 사례에 해당하는 사람들은 사랑이나 인간관계의 어려움으로 발생한 '정서적 허기' 때문에 과식합니다. 내면의 공허함을 신체적 허기로 착각하고 과식 또는 폭식을 합니다. 두 가지 사례에는 공통점이 있습니다. 삶의 의의를 자신의 내부에서 찾지 않고 외부에서 찾는다는 점입니다. 자신의 삶이 스스로 완전할 수 없다고 생각하기 때문에 타자에게 의존합니다. 이 타자는 시장의 상품, 음식, 다른 사람의 사랑과 관심 등입니다. 외부의 무언가를 소비하거나 소유함으로써 내면의 공허함을 채우고 삶의 행복을 찾으려 하는 것입니다.

이를 '소유적 삶'이라고 할 수 있습니다. 먹는다는 것 역시 소유입니다. '먹어치우다'라는 단어처럼 필요 이상으로 지나치게 먹는 것은 세상을 집어삼키려는 욕심과 닮았습니다. 프로이트가 얘기했던 구강성 성격oral personality을 떠올려도 좋습니다. 잘 알려졌듯 프로이트는 아기가 성장하는 과정 중에 구강기oral stage에 고착되면 탐욕적이고 남에게 지나치게 의존하는 구강성 성격을 가지게 된다고 주장했습니다. 또한 생활 습관에서 '입'의 만족을 지나치게 원하여 과식, 폭음, 애연, 과욕 등이 나타난다고 보았습니다. 하지만 무언가를 소유하여 나의 존재 의의를 찾으려 할수록 오히려 '나'는 소외됩니다.

소유적 삶에 대비되는 삶이 바로 '존재적 삶'입니다. 존재적 삶을 사는 이는 적게 소유하고 스스로 많이 존재하고자 합니다. 다른 것을 소유함에서 자기 삶의 의의를 찾지 않기 때문에 스스로를 소외시키지 않습니다. 사랑을 하되 상대의 마음을 '가지려고' 갈구하는 것이 아니라 어떻게 해야 상대를 더 사랑할 수 있을지 고민하고 상대를 사랑하는 행위 자체로써 사랑을 체험합니다. 내가 어디에 있든 나의 삶을 능동적으로 완전하게 할 수 있다고 믿습니다.

노자의 《도덕경》에 나오는 도가의 이상적 사회 모습에서 존재적 삶에 대한 힌트를 얻을 수 있습니다.

나라는 작고 백성은 적다. 백성들을 다시 새끼를 꼬아 사용하는 옛날로 돌아가게 한다. 백성들은 스스로 농사를 지어 수확한 곡식을 맛있게 먹는다. 스스로 지은 의복을 아름답게 여긴다. 스스로 지은 집에서 편안히 여긴다. 자기네들의 풍속을 즐겁게 지낸다.

- 《도덕경》 중에서

'소국과민小國寡民'은 노자가 이상향으로 설정한 사회입니다. 자급자족으로 생활하는 작은 마을을 생각하면 쉽습니다. 이런 사회에서 먹고 입는 것은 현대인이 소유하고 소비하는 모습과 다릅니다. 그들에게 먹고 입고 생활하는 것은 소비가 아니라 삶 자체입니다. 스스로 농사지은 곡식으로 음식을 만들어 맛있게 먹고 스스로 옷을 지어 입는 것은 생산과 소비로 분리된 것이 아니라 연속된 삶 그 자체이기 때문에 스스로를 소외시키지 않습니다. 노자는 이런 사회에서 인간이 진정 행복을 느낄 수 있다고 생각했습니다.

물론 우리가 지금 저런 자급자족 사회로 돌아가서 사는 것은 불가능합니다. 노자가 말한 소국과민도 실제 존재한 나라가 아니라 노자가 살았던 혼란한 시대에 이상적인 삶의 태도를 비유적으로 제시한 것에 가깝습니다. 저 또한 이런 '삶의 양식'에 대해 이야기하고자 합니다. 현대를 사는 사람들이 왜 과식할 수밖에 없는가에 대해서 시작한 우리의 논의는 이제 어떤 삶의 양식을 가질 것이냐는 데까지 왔습니다. 끝없이 우리의 안에 무엇인가를 채우는 방식으로는 진정한 행복을 얻을 수 없음을 우리는 이미 알고 있습니다. 이제 본질적인 삶의 양식에 대해서 고민해봐야 할 때입니다.

질
–
문
–
해
–
보
–
기

흔히 삶을 여행에 비유하곤 합니다. 여기 두 명의 여행자가 있습니다.

첫 번째 여행자는 여행에서 만나는 모든 것을 소유하고자 합니다. 그것이 진짜 여행이라고 믿기 때문입니다. 남들이 가는 모든 명소를 빠짐없이 찾으려고 애를 씁니다. 혹시라도 여행객 무리에서 떨어지면 큰 불안을 느낍니다. 긴 줄의 행렬 끝에 명소에 겨우 도착해도 그곳에서 만나는 역사의 향기나 그 장소가 나에게 주는 영감을 음미할 시간 따위는 없습니다. 그저 주마간산으로 둘러보고 사진만 찍을 뿐입니다. 어차피 남는 건 사진뿐이고 사진을 찍음으로써 내가 그 여행지에 갔다는 것을 인정받을 수 있고 그 장소를 '소유'했다고 믿습니다. 도착하는 여행지마다 가이드가 '이건 꼭 사야 한다'고 말하는 기념품들을 사서 가방에 담고, 먹어봐야 한다는 음식은 죄다 먹은 탓에 몸이 무거워 자유롭게 움직이기는 점점 힘이 듭니다. 드디어 고된 여행 끝에 집으로 돌아왔지만 기억에 남는 건 별로 없습니다. 남은 건 인터넷에 올라와 있는 것보다 화질이 안 좋은 무수한 사진들, 그리고 두 번 다시 쳐다보지도 않을 것 같은 무거운 잡동사니뿐입니다.

두 번째 여행자는 자신이 가는 곳마다 그 여정을 온전히 느끼려 합니다. 남들이 많이 가는 길이건 가지 않는 길이건 발 가는 대로 움직입니다. 때로 길을 잃어도 그 자체가 여정이자 재미라고 생각합니다. 여행지에서 동행자를 만나면 기뻐하며 함께하고 헤어질 때가 되면 슬퍼하지만 지나치게 오래 슬픔에 빠져 있지 않습니다. 그것이 여행의 필연이기 때문입니다. 헤어진다고 그 사람과 함께 있었던 시간의 의미가 없어지지는 않으니까요. 그렇게 그는 여행지에서 만나는 모든 풍경, 사람, 그들이 사는 모습을 유심히 바라보고 느끼며 그 자체로 즐거워하고 행복을 느낍니다. 그는 여행을 하는 동안 모든 시간과 장소를 온전하게 느꼈고 매 순간 그곳에 존재했습니다.

둘 중 어떤 여행자가 여행의 본래 의미를 찾았을까요? 단한 번뿐인 여행이라면 당신은 어떤 여행자가 되고 싶나요?

한입을 먹어도
미식가처럼

앞의 주제에 이어서 이번엔 좀 더 실천적인 이야기를 해봅시다. 그래서 어떻게 하면 우리가 과식하지 않고 건강한 식습관을 가질 수 있을까요? 손사막의 말처럼 배고플 때만 먹는 습관을 가지려면 어떻게 해야 할까요? 끊임없이 나를 자극하는 허기와 식욕을 나의 의지력으로 그저 참으면 될까요?

2016년 2월, 〈뉴욕타임스〉에는 흥미로운 기사가 실렸습니다. 2009년 NBC에서 방영된 〈The Biggest Loser〉라는 다이어트 프로그램에서 기록적인 감량을 한 참가자 14명의 6년 후 모습을 조사한 내용이었습니다. 이들은 프로그램 방영 당시 평균 50kg 이상 몸무게를 감량했습니다. 그런데 조사 결과는 놀라웠습니다. 14명 중 13명이 요요현상으로, 6년 전 감량한 몸무게를 유지하지 못하고 다시 비만이 되었고, 그중 4명은 감량하기 전보다 몸무게가 오히려 늘어났습니다. 과거 이들의 인간승리와도 같은 도전을 감명 깊게 본 사람들에게도 큰 실망과 허탈감을 줄 만한 결과였습니다. 과연 그들이 의지가 부족해서 다시 이전처럼 많이 먹고 뚱뚱해졌을까요? 아닙니다. 그들은 누구보다도 강한 정신력으로 운동과 식이요법을 통해 대단한 감량을 이루었고 프로그램이 끝난 후에도 노력을 지속했습니다.

| 방금 먹은 치킨이 무슨 맛이었지? |

굳이 이 같은 인물들의 예를 들지 않더라도 우리 스스로의 경험에서, 혹은 주변에서 이런 사례를 쉽게 찾아볼 수 있습니다. 큰 의지를 가지고 다이어트를 시작해서 감량을 했으나 참고 참던 식욕이 폭발하고 요요현상으로 다시 예전 모습으로 돌아가는 것을요. 이들이 실패한 이유는 식욕을 의지력으로 눌러서 참을 수 있다고 생각했기 때문입니다. 하지만 최근의 여러 연구 결과는 식욕이 단지 의지로 참을 수 있는 문제가 아니라 호르몬과 신체의 대사과정이 관련된 복잡한 문제이며, 점진적으로 식습관 자체의 변화를 이루어가는 것이 중요하다고 말합니다. 즉, 우리는 무조건 식욕을 참기보다는 '어떻게 먹을지'를 고민하고 실천해야 합니다. 그래서 저는 마인드풀 이팅Mindful eating이라는 방법을 소개하려 합니다.

마인드풀 이팅은 앞서 나왔던 마음챙김 명상을 식이요법에 적용한 것입니다. 먹는 것과 명상이라, 뭔가 어울리지 않는다고 느껴지시나요? 평소 마인드풀 이팅을 몸소 실천하고 환자의 진료에도 활용하는 의사 선생님이 저에게 들려준 일화가 재밌습니다. 어느 날 선생님이 간장양념 반 후라이드 반 치킨을 시켜서 맛있게 먹고 있었습니다. 허겁지겁 먹다가 다시 한 조각을 들려는 순간, 이런 생각이 들었습니다. '내가 방금 먹은 한 조각이 무슨 맛이었지?' 불과 3초 전에 먹은 한 조각이 양념이었는지 후라이드였는지도 기억하지 못한다는 걸 깨달았습니다. 그리고 이런 생각을 했다고 합니다. '나는 지금 음식을 진정으로 맛보고 즐기는 것이 아니라 그저 기계적으

로 배 속에 퍼 담고 있을 뿐이었구나!' 그때부터 마인드풀 이
팅을 공부하고 실천하려고 노력하기 시작했다고 합니다.

마음챙김 명상이 내 감각과 마음에 집중해 나의 상태를 또
렷이 알아차리는 과정이라면, 마인드풀 이팅은 내가 배고픔
을 인식하는 순간부터 음식을 바라보고 향을 맡고 먹는 동안
느껴지는 감각을 명확하게 알아차리는 연습입니다. 최근 세계
적으로 비만이나 2형 당뇨병 환자, 폭식행동을 하는 사람에게
식습관 개선과 치료를 위한 프로그램으로 다양하게 적용되고
있습니다. 그리고 마인드풀 이팅이 식습관 개선과 체중 감량
에 효과가 있음을 많은 연구 결과가 보여주고 있습니다.

앞에서 제가 소식의 중요성을 강조했을 때 어떤 분들은
'흥! 먹는 것도 인생의 얼마나 큰 즐거움인데 그걸 그렇게 참
아야 해? 나는 오래 사는 것보다 먹는 즐거움을 충분히 느끼
는 게 더 중요해!'라고 반감을 가지셨을지도 모릅니다. 하지
만 제가 드리는 말씀은 식욕을 꾹꾹 눌러서 참으라는 뜻이 아
닙니다. 습관적이고 자동화된 방식으로 음식을 먹지 말고 내
앞의 음식에 감사하는 마음으로 먹는다는 행위와 감각에 온
전히 집중하며 식사를 하자는 것입니다. 이것은 욕구를 참는

도인의 모습이라기보다는 시간을 들여 맛을 충분히 음미하는 미식가의 모습에 가깝습니다. 먹는 것이 인생에서 포기할 수 없는 큰 즐거움 중 하나라는 데는 저도 동의합니다. 하지만 이런 질문을 한번 던져보고 싶습니다. 진정 음식을 제대로 즐기는 사람은 나의 감각에 온전히 집중하며 미식가처럼 먹는 사람일까요, 아니면 푸드파이터처럼 기계적이고 자동적으로 내 몸에 음식을 담는 사람일까요?

마인드풀 이팅을 통해 저는 식습관에서 중요한 것들을 깨달았고 여러분도 그를 경험하실 수 있으리라 생각합니다. 첫째로 그동안 실제로 배가 고프지도 않은데 습관적으로 무언가를 먹는 경우가 많았다는 것을 깨닫게 되었습니다. 마인드풀 이팅은 현재 내 배고픈 상태가 어느 정도인지 명확하게 인지하는 데서부터 시작합니다. 손에 잡히는 간식들을 입에 넣으려는 충동을 느끼는 순간 나의 신체적 감각에 집중을 하고 진짜 지금 내게 음식이 필요한지 생각을 해봅시다. 그러면 실제로 그런 상황에서 내가 허기보다는 심심함이나 허전함 같은 감정적인 이유로 음식에 손을 대려고 했던 경우가 많았음을 알게 됩니다.

두 번째는 수없이 먹어온 음식인데도 그동안 내가 그 맛을 진정한 의미로 못 느끼고 있었다는 것을 알았습니다. 감각에 집중을 하고 천천히 식사를 할 때 이전보다 훨씬 다양한 맛을 느낄 수 있었습니다.

세 번째는 예전에는 전혀 의식하지 못했지만 나의 식사가 그동안 상당히 자극적이고 간이 강했다는 것을 알게 되었습니다. 이전에 생각 없이 먹었을 때는 입에 착 달라붙고 맛있는 음식 같았지만 내 감각을 알아차린 상태로 식사를 했더니 몇 가지 자극적인 맛의 식재료들이 다른 여러 가지 맛을 제대로 못 느끼도록 덮어버리고 있다는 사실을 깨달았습니다. 그 이후로 저의 식사는 이전보다 훨씬 싱거워졌습니다. 그럼에도 오히려 전보다 다양하고 풍부한 맛을 느낄 수 있게 되었습니다.

마지막으로 이전보다 훨씬 적은 양의 음식을 먹어도 충분한 포만감과 만족감을 얻었습니다. 음식을 천천히 먹으면서 내 위장에 음식이 차오르는 느낌과 포만감을 또렷이 관찰할 때, 우리는 포만감을 느끼게 하는 호르몬 같은 몸이 보내는 신호를 잘 알아차릴 수 있습니다. 이전에 나의 감각에 집중하지 않고 습관적이고 자동적으로 식사할 때는, 먹는 동안 포만감을 느끼지 못하다가 다 먹은 후에야 과식을 했음을 깨닫고 후회할 때가 많았습니다. 하지만 마인드풀 이팅을 꾸준히 한 후에는 내 상태를 평소에 잘 관찰해서 충분히 배가 고플 때 식사를 시작해 충분한 포만감이 들면 수저를 내려놓을 수 있게 되었고, 이전보다 적은 양의 음식으로도 충분한 만족을 얻을 수 있게 되었습니다.

적
-
용
-
해
-
보
-
기

자, 이제 실제로 하나씩 단계적으로 마인드풀 이팅을 실천하는 법을 알아봅시다.

1. 언제 먹을 것인지 결정합니다. 미국 밴더빌트대학교 심리학과 울레버 교수는 우리가 배고픈 단계를 7단계로 나누어 제시합니다.

배고픔 - 포만감 척도 hunger fullness scale

1단계 _ 몹시 굶주림. '배고파 죽을 지경이야.'

2단계 _ 충분히 배고픔. '엄청 배고파.'

3단계 _ 약간의 배고픔. '출출하네.'

4단계 _ 중간. 배고픔도 배부름도 느끼지 못함.

5단계 _ 적당한 포만감. '위가 좀 늘어나기 시작하네.'

6단계 _ 매우 배부름. '아 배부르다! 위가 제법 늘어났네.'

7단계 _ 지나치게 배부름. '배불러서 움직이기도 힘들어.'

처음으로 할 것은 내가 얼마나 배가 고프고 얼마나 포만감을 느끼는지 감각을 온전히 느끼는 것입니다. 깊게 심호흡을 하고 긴장을 풀어서 지금 배가 고픈 상태가 맞는지 감각에 집중합니다. 위에서 2~3단계에 해당될 때 식사를 시작합니다.

내가 식욕을 느낄 때 정서적인 허기에 반응하고 있는지 신체의 필요에 의해 반응하고 있는지 구별하는 연습이 핵심입니다. 마음챙김 명상을 하듯이 우리의 감각과 마음에 집중을 해봅시다. 스트레스, 슬픔, 외로움, 심심함과 같은 감정적인 신호 때문에 내가 음식을 원하는지, 내 신체가 에너지를 필요로 하기 때문에 음식을 원하는지 점차 구별할 수 있을 것입니다.

2. 먼저 음식을 바라봅니다. 식사를 시작하기 전 TV나 핸드폰 등을 반드시 끄고 음식에만 온전히 집중을 합니다. 마치 처음 보는 음식인 것처럼 초심자의 마음으로 천천히 색깔을

관찰하고 향기를 맡아봅니다. 이 음식이 어디에서 시작되어 어떤 과정을 거쳐서 나에게 왔는지 생각해보아도 좋습니다. 내 앞의 식사가 준비되기까지 수고한 많은 사람을 위해서, 그리고 농작물들을 자라게 해준 신이나 자연에 감사하는 마음으로 기도를 드리는 것도 좋습니다. 적어도 5분 정도는 시간을 들여서 음식을 충분히 관찰하고 생각하며 내 몸이 음식을 받아들일 준비를 하도록 합니다.

3. 이제 음식을 입에 넣어봅니다. 마치 처음 먹어보는 것처럼 입안에서 퍼지는 맛과 향기에 감각을 집중하며 천천히 충분하게 씹어봅니다. 음식이 들어왔을 때 내 입에서 침이 충분히 분비되고 음식과 섞이는 상태를 느끼며 나타나는 모든 맛을 관찰합니다. 아마 이전에 빠르게, 습관적으로 식사를 할 때는 몰랐던 다양한 맛이 날 것입니다. 이런 과정이 익숙지 않다면 의식적으로 음식을 20~30번 이상 씹도록 하고 입에 음식이 완전히 사라졌을 때 다음 음식을 입에 넣는다고 생각해도 좋습니다.

4. 식사를 하면서 내 마음속에 생겨나는 생각을 관찰합니다. 그리고 내 몸속에 포만감이 차오르는 것을 단계별로

느껴봅니다. 내 위에 음식이 얼마나 들어왔고 내가 현재 얼마나 포만감을 느끼는지 그때그때 알려면 충분히 천천히 식사를 해야 할 것입니다. 5~6단계 정도로 포만감을 느낀다고 생각하면 이제 수저를 내려놓읍시다. 지금 마친 식사는 어떤 식사였나요?

마인드풀 이팅은 누구에게나 좋은 식습관이지만 현실적으로 평소에 적용하기가 불가능하다고 말하는 분들도 계실지 모르겠습니다. 예를 들어 어린아이를 키우고 있거나 일 때문에 외부에서 식사하는 때가 잦다면 식사를 천천히 하는 것 자체가 어려울 수 있습니다.

하지만 마인드풀 이팅은 식사하는 행위와 감각에 내가 어느 정도 집중하는가를 뜻하는 것이지, 'all or nothing'처럼 하고 안하고가 딱 나뉘는 것이 아닙니다. 주어진 환경에서 가능한 만큼이라도 나의 감각에 집중한 채 식사하려는 노력은 그 자체로 큰 의미가 있습니다. 자녀가 있는 가정에서는 식사를 하는 동안 TV를 끄고 스마트폰을 만지지 못하게 하고 '우리 단 5분만이라도 음식의 맛과 몸의 감각에 집중하는 연습을 해보자'라고 말한다면 그 자체로 훌륭한 식사 교육이 될 것입니다. 직장 동료와 식사를 할 때도 자신이 식사 속도가 조금 느릴 수도 있음에 대해 양해를 구하고 주어진 시간 내에서 조금이라도 나의 감각에 집중하면서 천천히 먹으려고 시도하는 정도는 가능할 것입니다. 그런 작은 변화의 시작만으로도 나의 삶에 많은 긍정적인 변화가 찾아올 것입니다.

잘
사
는
태
도
에
관
하
여

빛과 그림자는
떼어낼 수 없다

1부에서 보았던 황제와 기백이 나눈 문답의 앞부분을 다시 봅시다.

> 황제가 기백에게 물었습니다. "내가 듣기에 아주 옛날 사람들은 모두 병들지 않고, 100세 넘도록 건강하게 살았다고 들었습니다. 그런데 요즘 사람들은 50세만 되어도 병이 듭니다. 시대가 달라서입니까? 아니면 사람이 장차 가야 할 길을 잃어버려서입니까?"

기백이 황제에게 대답했습니다. "그 시대의 사람들은 사람
의 길을 알고 있었습니다. 음양의 법을 따라 구체적으로 실
천했습니다."

-《황제내경》중에서

황제에게 대답하는 기백이 말하는 '사람의 길'을 한마디로
압축하면 바로 법어음양法於陰陽, 즉 음양의 법에 맞춰서 사는
것입니다. 우리가 그 의미를 명확히 알기 위해 음양陰陽이 무
엇인지에 대한 설명이 필요할 것 같습니다. 서양에서 비롯된
철학적 관점에 익숙한 우리에게 음양은 낯섭니다. 음양이라는
말을 들으면 일반인들은 주로 풍수지리나 사주 같은 신비적
인 개념을 떠올리는 경우도 많습니다. 하지만 그런 것들은 음
양의 본래 의미와는 아주 거리가 멉니다. 음양론은 동양철학
에서 주변의 모든 사물이나 현상을 바라볼 때 사용하는 하나
의 철학적 관점이라고 할 수 있습니다. 고대인들이 처음 음양
이라는 개념을 만들어낼 때의 상황을 상상해봅시다.

산봉우리에 해가 비치면 빛을 받은 부분과 그늘이 지는 부
분이 생깁니다. 우리는 빛이 비치는 곳을 양달, 그늘이 지는

곳을 음달(응달)이라고 부릅니다. 이것이 음양의 첫 번째 발견이었습니다. 그래서 햇볕이 드는 곳을 陽(볕들 양), 그늘이 지는 곳을 陰(그늘 음)이라고 하였습니다.

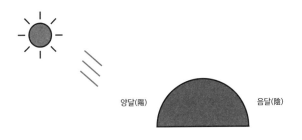

양달(陽)   음달(陰)

양달과 음달을 본 고대인들은 여기서 양적인 것과 음적인 것의 몇 가지 속성을 발견해냅니다.

양달	음달
양(陽)적이다.	음(陰)적이다.
따뜻하다.	춥다.
밝다.	어둡다.
일하거나 논다.	앉거나 누워서 쉰다.

산봉우리라는 실체는 분명 하나지만 양적인 부분과 음적인 부분을 함께 가지고 있습니다. 고대인들은 이렇게 대비되

는 속성에 대한 생각을 발전시켜 주변에 있는 여러 사물과 현상을 음양론적 관점으로 구분하기 시작했습니다.

양(陽)	음(陰)
불	물
낮	밤
여름	겨울
남자	여자
에너지	물질
동적인 것	정적인 것
흥분	억제
항진	쇠퇴

이런 식으로 말입니다. 지금처럼 충분한 과학적 지식이 없었던 고대인에게, 음양론은 주변을 둘러싼 사물과 현상들을 인식하는 데 나름대로 유용한 도구였습니다. 이 음양론에는 몇 가지 특징이 있습니다.

첫 번째, 음과 양은 결코 따로 존재할 수 없습니다. 만약 햇살이 비칠 때 그늘이 지는 곳이 없다면 해가 드는 곳이 상대적으로 따뜻하고 양적인 속성을 가졌다는 것을 인식할 수 없겠죠. 또 만약 일 년 내내 기온의 변화 없이 똑같이 추운 곳이 있다면, 그곳 사람들은 여름이라는 계절을 인식하지 못하는 것은 물론이고 겨울이라는 계절도 인식하지 못할 것입니다. 이렇게 음과 양을 정의하는 데는 상대방이 필요하기 때문에 음양은 각각 따로 떼어내서 존재할 수 없습니다.

두 번째, 음과 양은 사물이나 현상의 상반된 속성이지만 이분법적 사고나 흑백논리와는 거리가 멉니다. 즉, 결코 절대적이지 않고 계속해서 분화하는 속성을 가집니다. 하나의 현상을 음과 양으로 나눴을 때, 거기서 다시 음과 양을 나눌 수 있다는 것입니다. 사계절을 음과 양으로 나눈다면 봄과 여름은 가을과 겨울에 비해 양적입니다. 하지만 봄은 여름에 비한다면 음적입니다. 성별에 대해서도 마찬가지입니다. '남자는 무조건 양이고 여자는 음이야'라는 진술은 틀렸습니다. 성별을 기준으로 나눴을 때 그럴 뿐이지 남녀 모두 그 안에서 동적인 특징과 정적인 특징에 따라 다시 음양으로 나눌 수 있습니다.

세 번째, 음과 양은 서로 반대되는 속성을 가졌지만 서로가 서로의 뿌리가 됩니다. 24절기 중에서 밤이 가장 길 때를 동지冬至라고 합니다. 밤이 가장 길기 때문에 절기 중 가장 음적이라고 할 수 있습니다. 하지만 동지를 기준으로 그다음 날부터 다시 낮이 길어지고 밤이 짧아지기 시작합니다. 즉, 동지는 가장 음적이기 때문에 반대로 말한다면 양기가 처음으로 시작되는 절기라고도 할 수 있습니다. 중국 주나라에서는 이날 생명력과 광명이 부활한다고 생각하여 동지를 설로 삼았습니다. 양기를 생명의 기운, 음기를 죽음의 기운이라고 본다면 역설적이게도 죽음의 기운이 점점 커져서 꽉 차야만이 생명이 탄생하고 양기가 자라기 시작할 수 있다는 것입니다.

네 번째, 음과 양은 상반된 속성을 바탕으로 대립하며 서로를 제약합니다. 둘 중에 하나의 힘이 너무 커지지 않도록 제약하며 균형을 맞춰갑니다. 이것을 인체에 적용해서 생각해본다면 자율신경계의 교감신경과 부교감신경을 예로 들 수 있습니다. 교감신경은 신체가 갑작스럽고 위급한 상황에 반응할 수 있도록 심장박동을 촉진해 빠르게 움직이게 만들어주고, 부교감신경은 평화로운 상황에서 소화와 흡수를 촉진하고 에너지를 저장하도록 합니다. 만약 자율신경계의 균형이 깨져서 교감신경이 지나치게 항진되거나 부교감신경이 지나치게 항진된다면 그 둘 모두 병리적 상태겠지요.

여기서 주목할 만한 점이 있습니다. 음양의 세 번째 속성과 네 번째 속성이 서로 반대되는 듯하나 사실은 둘 다 서로를 돕는다는 뜻이라는 점입니다. 음양이 서로를 제약한다는 것은 무조건 방해한다는 것이 아니라 한쪽이 너무 커져서 균형을 잃지 않도록 견제해주는 것입니다. 그렇기 때문에 음양이 서로의 뿌리가 된다는 이야기와 서로를 제약한다는 이야기는 다른 방법이지만 둘 다 서로를 돕는다는 의미입니다.

이상 음양의 몇 가지 중요한 특징을 살펴보았습니다. 뭔가 신비롭다거나 미신적인 요소가 있는 것 같나요? 그렇지 않습니다. 그저 고대인들이 세상을 바라보는 나름의 합리적인 방법을 고안해낸 것이 본래의 음양론이니까요. 하지만 이후 음양론은 음양이 분화하는 과정을 다섯 가지로 나눈 오행五行, 木火土金水과 결합하고, 모든 현상을 이 음양오행에 끼워 맞추려고 하다 보니 여러 부작용이 나타나기도 합니다. 애초에 세상을 바라보는 하나의 관점이었던 음양을 그 자체로 하나의 진리처럼 믿기 시작하자, 정치적 요소가 개입되거나 현대인이 봤을 때 미신적이라고 생각될 요소가 끼어드는 폐단이 생겨났습니다. 예를 들어 진시황은 왕조가 오행의 상극 순서에 따라서 이루어지기 때문에 화火의 속성을 가진 주나라를 이겨낼 다음 왕조는 수水의 속성을 가진 왕조라고 믿었습니다. 그래서 모든 면에서 수의 색인 흑색黑色을 숭상하여 황하의 이름도 흑수黑水라고 바꿀 정도였습니다.

우리는 발달한 과학기술을 통하여 고대인보다 자연현상과 사물에 대한 이해가 훨씬 높아졌습니다. 음양론이 모든 것에 들어맞는 절대적 진리가 아님을 알게 되었습니다. 자, 그렇다면 우리가 음양론에 대해 가져야 할 자세는 무엇일까요? 앞에서 말했듯이 음양론은 세상을 보는 하나의 관점입니다. 음양론적 관점을 통해 세상과 나의 삶을 볼 때 효용성이 있는지를 기준으로 이 관점을 버릴지 말지 결정하면 됩니다.

예를 들자면 현대의 한의사들은 누구도 음양오행이 절대적이라고 믿지 않습니다. 현대 과학을 배우며 자랐고 대학에서도 한의학뿐 아니라 해부학, 생리학, 병리학 같은 과목을 배우고 환자를 진료하는 데 활용합니다. 하지만 서양에서 비롯된 현대적 지식과 유물론적 관점 역시 환자들을 치료하는 데 결코 완전하지 않다는 점을 압니다. 인체는 기계와 다르기 때문입니다. 인체는 너무나도 복잡하기 때문에 단지 증상이 있는 부분을 치료하는 것만으로는 문제가 해결되지 않을 때가 많고, 기질적인 문제가 있지 않은데도 환자가 증상을 호소하는 경우도 많습니다. 그럴 때 음양론의 영향을 받은 한의학적 이론들은 한의사들에게 '조화'와 '균형'이라는 관점을 제공해줍니다. 음양론은 그 자체로 진리는 아니지만 현대의 한의사들에게도 나름의 효용적 가치가 있는 셈입니다.

| 한쪽으로 치우치지 않는 삶 |

그렇다면 당신에게는 음양론적 관점이 어떤 효용을 가져다줄까요? 기백이 얘기했던 '음양의 법을 따라서 구체적으로 실천한다'라는 의미는 무엇일까요? 여기까지 설명을 들으셨다면 일상생활에 음양의 법칙을 적용하라는 것은 우리 삶에 조화와 균형이 있도록 하라는 뜻임을 눈치채셨을 것입니다. 우리의 생활에서 첫 번째로 음양을 나눈다면 저는 '휴식'과 '일'로 나눠보고 싶습니다. 활동성을 가지고 열심히 일하는 것은 양적이고 휴식을 통해서 쉬면서 재충전하고 하루를 돌아보는 것은 음적이라고 할 수 있겠지요. 그럼 앞에서 얘기했던 음양의 네 가지 법칙에 따라서 일과 휴식이 어떤 관계를 가지는지 생각해봅시다.

첫 번째로, 음양이 따로 존재할 수 없듯이 일과 휴식은 따로 떼서 생각할 수가 없습니다. 일자리를 구하지 못해서 기약 없이 놀고 있는 사람의 모습을 생각해봅시다. 일은 전혀 하지 않고 휴식만 한다면 그것은 진정한 휴식이라고 할 수 없고 또 다른 괴로움이 될 것입니다. 반대로 휴식은 전혀 하지 않고 일만 하는 것 역시 지속될 수 없고 일의 보람을 느끼기도 힘들 것입니다. 두 번째로, 휴식과 일로 음양을 나누더라도 그것은 절대적이지 않으며 그 안에서도 다시 음양을 나눌 수 있습니다. 일 중에서도 동적인 일과 정적인 일이 있을 수 있고 휴식에도 정적인 휴식과 동적인 휴식이 있을 수 있습니다. 만약 주로 육체노동 같은 동적인 일을 하는 사람은 휴식을 취할 때 책을 읽는다거나 활동이 많지 않은 정적인 휴식을 취하는 것이 좋겠지요. 반대로 주로 책상에 앉아서 일을 하는 사무직의 사람들은 오히려 가벼운 산책이나 운동이 휴식이 되고 삶에 균형을 맞춰가는 방법일 것입니다.

세 번째와 네 번째에서 얘기한 대로 일과 휴식은 서로 대립적인 듯하지만 상호보완적인 관계를 가지고 있습니다. 지나치게 일을 하면 휴식을 통한 제약이 필요하고, 지나친 휴식 또한 우리의 몸과 정신 건강에 해로우므로 적당히 일을 하고 몸을 움직여줄 필요가 있을 것입니다. 그렇게 충분히 휴식을 한 후에야 일을 할 때 능률이 오르고, 반대로 충분히 일을 한 후에 휴식을 취해야 휴식의 달콤함을 느낄 수 있겠지요. 이제 기백이 얘기했던 법어음양의 의미가 조금 와닿으시나요? 음양의 법은 이처럼 일과 휴식뿐만 아니라 활동과 수면, 계절변화에 따른 움직임처럼 다양하게 적용이 가능합니다.

| 음허양항 앓는 사람들 |

그렇다면 우리의 삶에 음양의 법이 깨졌을 때 어떤 변화가 생길지 생각해봅시다.

연학 씨는 30대 초반의 재무설계사입니다. 몇 달 전부터 조금씩 심해지는 어지럼증과 두통이 주요 증상이었습니다. 그리고 저녁만 되면 열기가 올라와 얼굴이 벌겋게 되고, 자고 일어나면 옷이 흠뻑 젖을 정도로 땀이 나 있다고 했습니다.

경쟁이 굉장히 치열하고 승자가 독식하는 경향이 큰 금융업계에서 그는 젊은 나이에 성공한 유능한 설계사입니다. 아침 5시에 일어나서 7시까지 출근을 하고, 주말이나 밤낮 가릴 것 없이 발로 뛰며 성실히 일했습니다. 밥 먹는 시간이 아까워

끼니를 거를 때도 많지만 열심히 일한 만큼 돈을 버는 재미에 힘든 줄도 몰랐습니다. 그리고 그는 자신의 생활 모습과 증상을 설명하는 중에도 '열정'이라는 단어를 입버릇처럼 반복했습니다. 진료를 받고자 하는 것도 자신의 열정은 넘쳐나는데 몸무게도 줄고 기력이 예전 같지 않아서 양기를 좀 보충해줄 수 있는 약을 먹고 싶다는 것이었습니다.

진맥을 하고 여러 문진을 통해 제가 내린 진단은 간양상항 증肝陽上亢證이었습니다. 간양상항증은 한의학의 병증인 음허양항증陰虛陽亢證 중 하나입니다. 한의학적 병증이 양의학적 병명과 꼭 일대일로 연결되지는 않지만 고혈압이나 자율신경실조증 같은 병이 이 범주에 속하는 경우가 많습니다.

음허양항증은 음기는 허하고 양기는 지나치게 항진되는 병입니다. 일상에서 양기란 말은 활력이나 열정처럼 주로 긍정적인 단어에 쓰이지만, 인체에서 양기는 많을수록 그저 좋은 것이 아닙니다. 적당한 양기는 우리가 힘을 내서 일하게 해주는 에너지와 같지만 지나친 양기는 인간을 과하게 항진된 상태로 있게 하고 여러 병리적 증상을 일으켜 결국 몸과 마음을 소진시킵니다. 반면에 음기는 우리가 휴식하고 사색하며 쉬는 힘이자, 나중에 에너지를 낼 수 있게 해주는 물질적 기초가 됩니다. 일상에서 좋지 않은 의미로 쓰이는 경우가 많지만 음기 역시 우리에겐 꼭 필요합니다. 저는 한참이나 연학 씨에게 "당신에게 필요한 건 양기를 보충하는 약이 아니라 음기를 보충하는 약이며 그것보다도 중요한 것은 휴식이다"라고 말했지만 그는 제 말을 이해하지 못하였습니다. 아마 그에게 제가 하는 말은 본인의 현실을 모르는 소리, 혹은 나약한 소리로 들렸겠지요.

그가 열심히 일해야만 하는 이유, 그가 지향하는 삶의 모습에 대해서 제가 완전히 알 수는 없습니다. 또 그에 대해 무엇이 옳다고 함부로 말할 수도 없습니다. 그런데 연학 씨는 자신은 아직도 열정이 충분하고 더 열심히 일할 수 있다고 말했지만 그의 몸은 이제 휴식이 필요하다는 신호를 계속해서 보내고 있었습니다. 그는 열정이라고 말하지만 그의 몸에 나타나는 증상들은 그것이 활력이 아니라 병적인 항진 상태이자 흥분 상태라고 말하고 있었습니다. 제가 의사로서 얘기할 수 있는 단 한 가지는 지금과 같이 불균형적인 삶은 결코 지속될 수 없다는 것이었습니다. 지금은 구체적 질병의 형태가 아니라 몇몇 증상만 나타나는 미병의 상태일지 모르지만, 지금부터 삶의 균형을 찾으려 노력하지 않으면 나중에는 결국 몸과 마음이 부서질 수 있기 때문입니다.

한 시대에 많은 사람이 앓는 병은 그 시대가 가진 분위기나 사회구조를 짐작하게 해줍니다. 휴식이 부족하고 과로한다고 해서 다 음허양항증에 걸리는 것은 아니고 사람에 따라 다양한 증상이 생길 수 있지만, 음허양항이라는 병증의 모습이 우리 시대의 모습과 많이 닮았다는 생각이 듭니다. 근면, 성실, 긍정성이라는 양적인 가치는 근대 이후 우리에게 거의 윤리나 종교적 신념처럼 되었습니다. 산업을 뜻하는 영어단어 'industry'는 근면성을 뜻하기도 합니다. 본질적으로 산업사회는 우리가 끊임없이 근면하도록 요구하는 속성을 가졌음을 알 수 있습니다. 반면에 휴식이나 사색과 같은 음적인 가치는 주로 게으름이나 나약함의 다른 말처럼 여겨져왔습니다.

이제 이것이 불균형적이고 병리적 상태임을 알아차려야 합니다. 사회·구조적 변화와 더불어 개개인의 인식의 변화와 노력이 함께해야 합니다. 힘을 내서 일하고 목표를 달성하는 것은 매우 중요하고 의미가 있지만 나에 대한 충분한 사색과 성찰이 선행되지 않는다면 공허합니다. 그리고 적절한 휴식을 통해 균형을 맞춰가지 않는다면 결코 지속할 수도 없습니다. 그것은 열정이나 활력이 아니라 그저 자극에 끝없이 반응하기만 하는 항진 상태라고 불러야 할 것입니다.

연학 씨가 앓는 음허양항증(음허증)과 반대되는 병증에는 기허증氣虛證과 양허증陽虛證이 있습니다. 음허증이 인체의 음액陰液이 손상되어 몸이 건조하고 인체의 대사기능이 항진되며 열감을 느끼는 병증이라면, 기허증과 양허증은 반대로 인체의 에너지 생성이 부족하여 대사기능이 저하되는 병증입니다. 기허증의 대표적인 증상은 사지에 힘이 없이 나른하고 말소리에 힘이 없으며 소화기능이 떨어져 설사를 하거나 묽은 변을 보는 것입니다. 여기서 대사기능이 더 많이 저하되어 추위를 많이 타거나 신체가 차가운 증상까지 함께 나타나면 양허증이라고 부릅니다.

이처럼 신체의 에너지나 물질이 스트레스, 과로, 나쁜 식습관, 과도한 성관계 등 여러 가지 원인으로 소모되어 몸의 저항력과 생리적 기능이 약해지고 균형이 깨어진 음허, 양허, 기허, 혈허와 같은 상태를 허증虛證이라고 합니다. 한의학의 역사 속에서 인간에게 음과 양 중 무엇이 더 소진되기 쉬운지, 무엇이 소진되는 것을 더 경계해야 하는지는 여러 의사들 사이에서 논쟁의 대상이 되기도 했습니다. 하지만 중요한 것은 이런 병증들이 모두 인체의 생리적 균형이 깨져서 발생한다는 점입니다. 그리고 하나의 병증은 반대되는 병증으로 전환되기도 합니다. 예를 들어 연학 씨처럼 과로하는 사람에게는 처음에는 대사기능이 항진되는 음허증이 먼저 나타나는 경우가 많지만 시간이 지나면 기허증이나 양허증으로 병이 전환되는 경우도 있습니다. 앞에서도 말했듯이 음과 양, 그리고 에너지와 물질은 서로 반대되는 속성을 가졌지만 서로를 보조하며 서로가 서로의 뿌리가 되기 때문입니다. 번아웃 증후군처럼, 지나치게 과로하던 사람이 나중에는 극도의 신체적·정신적 무기력을 호소하는 것도 이 같은 예라고 할 수 있습니다.

각 허증의 침구치료나 약물치료 방법은 서로 다르지만 일상생활에서 지켜야 할 양생방법은 크게 다르지 않습니다. 양생법이란 결국 삶에서 균형을 찾기 위해 지켜야 할 수칙들이고 이런 병들은 방향은 다르더라도 모두 균형이 깨져서 발생하는 것이기 때문입니다.

질
／
문
／
해
／
보
／
기

음허양항증 자가 테스트를 해봅시다. 문항마다 0점(전혀 그렇지 않다)부터 10점(항상 그렇다)까지 점수를 매겨서 총점의 합이 30점이 넘으면 음허양항증 상태가 아닌지 의심해볼 수 있습니다. 이 테스트는 음허증 측정 설문지Yin-Deficiency questionnaire를 활용하여 임의로 정한 것입니다. 질병의 정확한 진단을 위한 것이 아니며 정확한 진단과 치료는 한의사와의 대면을 통해서만 가능합니다.

1. 손바닥이나 발바닥에 열감이 난다.

(五心煩熱, Irritable fever on the five Hearts)

2. 오후가 되면 얼굴 광대뼈 부근이 붉어진다.

(午後顴紅, Flushing of the zygomatic region in the afternoon)

3. 몸과 얼굴에 오르내리는 열감이 있다.

   (潮熱, tidal fever)

4. 밤에 자는 동안 땀이 난다.

   (盜汗, night sweats)

5. 최근 몸무게가 줄었다.

   (形體消瘦, emaciation)

6. 입이나 목이 자주 마른다.

   (口乾咽燥, dryness on the mouth or the throat)

7. 현기증이 난다.

   (眩暈, dizziness)

8. 잠을 못 이룬다.

   (失眠, insomnia)

9. 소변량이 줄고 색이 노랗다.

   (尿少色黃, decreased amount of urine with yellowish color)

10. 변비가 있다.

   (大便秘結, constipation)

시간의
질서를
따르는 일

고3 수험생인 박새벽 씨는 얼마 전 새벽형 인간에 대한 책을 감명 깊게 읽었습니다. 해가 뜨기 전에 일어나는 새벽형 인간으로 살면 남들보다 많은 시간을 살 수 있고, 그것이 성장을 위한 동력이 될 것이라는 말이 그녀에게 와닿았습니다. 밤 11시면 잠자리에 들고 새벽 4시가 되면 일어나서 상쾌하게 공부를 시작하겠다는 계획을 세웠습니다. 하지만 새벽 4시에 눈을 뜰 때마다 깜깜한 새벽의 공기는 상쾌하기보다는 차가워서 몸을 움츠러들게 합니다. 책을 들여다보아도 꾸벅꾸벅 졸기 일쑤고 낮에 학교에서도 불규칙하게 잠이 쏟아집니다. 의지력으로 충분히 이겨낼 수 있을 거라고 생각했지만 신경은 날카로워지고 공부의 능률은 점점 떨어지는 것 같습니다.

30대의 프리랜서인 올빼미 씨는 새벽형 인간이 되어야 한다는 말이나 일찍 일어나야 한다는 말이 좀 우습다고 생각합니다. 그런 건 사람마다 다를 테고 본인은 저녁형 인간이 분명하다고 생각합니다. 언제나 밤 11시 정도가 넘으면 정신이 맑아지고 일의 능률이 오르는 것 같기 때문입니다. 밤에 일을 시작해서 새벽 3~4시가 되어서야 잠들기 부지기수이고 아침에 일어나는 것은 늘 힘듭니다. 그래서 바깥에 나갈 일이 없는 날에는 늘 오후까지 잠을 자곤 합니다. 그러다 보니 낮 시간에 깨어 있을 때는 정신이 맑지 못해 활동적인 일을 하기가 힘들고 수면시간 자체는 충분한데도 늘 피로를 느낍니다. 낮에 운전을 하다가 졸아서 사고를 내기도 했습니다. 그러다 또 저녁이 지나면 어김없이 정신이 맑아집니다.

박새벽 씨나 올빼미 씨와 비슷한 생활 패턴을 가진 분들이 꽤 많으리라 생각합니다. 복잡해진 현대사회에는 많은 직업이 있고 그 직업만큼이나 다양한 생활의 리듬이 있습니다. 양생에서는 이에 대해서 어떤 관점을 가지고 있을까요?

아침에서 해가 질 때까지는 양陽에 속합니다. 그중에서도 아침에서 정오까지는 양중의 양이고 정오부터 해가 질 때까지는 양중의 음입니다. 해가 지고부터 아침까지는 음陰에 속합니다. 그중에서도 해가 지고부터 닭이 울 때까지는 음중의 음이고 닭이 울고부터 아침까지는 음중의 양입니다. 그러므로 사람도 이에 순응하여야 합니다.

- 《황제내경》 중에서

앞에서 일과 휴식을 기준으로 음양을 나누었다면 이번에는 시간을 기준으로 음양을 나눌 수 있습니다. 해가 뜨는 시간과 지는 시간을 기준으로 음양을 나누고, 그 안에서도 밤이 점점 가까워지는 때와 아침이 점점 가까워지는 때로 다시 음양을 나누었습니다. 그리고 사람은 해가 뜨고 지는 것에 순응하며 살라고 합니다. 한의학에서는 이렇게 주변의 환경과 시간의 변화에 인간이 순응하는 것이 옳다는 관점을 가지고 있습니다. 이를 천인상응天人相應 사상이라고 합니다. 사람을 자연계의 유기적인 일부분이자 그 자체로 자연계를 닮은 소우주로 보기 때문에, 사람의 모든 활동과 생활은 자연의 법칙에서 벗어나지 않아야 한다는 관점입니다.

사계절로 본다면 만물이 피어나기 시작하는 봄에는 사람도 씨앗을 뿌려야 하고 에너지가 가장 충만한 여름에는 바삐 일하며 작물을 가꿔야 합니다. 여름 동안 왕성했던 기운이 수렴하고 결실을 맺는 가을에는 추수해야 하고 만물이 얼어붙고 힘을 저장하는 겨울에는 인간도 에너지를 비축하고 휴식해야 합니다.

음양의 법칙을 하루 일과에 적용해보면 해가 뜨고 지는 시간의 변화에 맞추어 생활하게 됩니다. 양기가 가장 왕성한 아침과 점심에는 능률이 높으니 힘써 일하고, 오후가 되면 여전히 양기가 있지만 조금씩 지치게 되므로 일의 강도를 조절해야 할 것입니다. 그러다 해가 지고 저녁이 되면 집으로 돌아와 휴식을 취하고 지나친 활동은 삼가야 합니다. 그리고 밤이 되면 잠을 자야 합니다. 아주 쉬운 이야기지요?

| 몸속의 시계 |

시간과 생명현상의 관계를 연구하는 학문을 시간생물학 chronobiology이라고 합니다. 밤이 되면 졸린 것, 한 달마다 여성에게 월경이 있는 것 같은 시간과 관련 있는 생명현상들을 연

구하는 학문입니다. 그중에서도 24시간의 주기를 가지고 나타나는 것을 일주기생체리듬circadian rhythm이라고 합니다. 잠자고 기상하는 '수면-각성' 주기가 가장 대표적입니다. 그리고 호르몬 분비, 식사와 관련된 행동, 혈압과 체온까지 인체의 거의 모든 생리와 대사기능이 24시간을 주기로 조절됩니다.

이처럼 시간에 따른 조절이 가능하려면 우리 몸에 시계와 같은 역할을 하는 부분이 있어야 합니다. 우리 몸의 중심 시계는 뇌의 시상하부에 있는 시교차상핵suprachiasmatic nucleus에 있습니다. 이 시계는 내인성 일주기 조율기endogenous circadian pacemaker라고 불립니다. 쉽게 중추시계라고도 합니다. 여기서 시계는 비유적인 표현이 아니라 실제 시계와 같은 역할을 한다는 뜻입니다. 심지어 이 세포를 배양해도 24시간에 가까운 주기를 가지고 활동함을 관찰할 수 있습니다. 이 시계는 자체적인 하루의 주기를 가지고 인체의 여러 활동을 조절합니다.

그렇다면 이처럼 우리 몸에 각자 고유한 시계를 가지고 있으니 외부의 시간과 상관없이 원하는 생활리듬대로 살면 될까요? 물론 아닙니다. 우리 몸의 중추시계는 자체로 고유한 주기를 갖지만 외부의 시간과 끊임없이 동기화합니다. 외국에 나갔을 때 시차 때문에 한동안 고생을 하지만 그곳의 시간대로 생활하다 보면 나의 생활리듬 역시 그 시간에 적응하게 됩니다. 나의 생체시계가 달라진 외부의 시간에 적응한 것입니다. 이때 나의 생체시계가 외부 시간에 동기화할 수 있도록 하는 요인들을 차이트게버zeitgeber라고 합니다. 우리말로 하면 '시간을 제공하는 자'라는 근사한 뜻입니다. 이 차이트게버 중 가장 중요한 역할을 하는 것이 망막을 통해 들어오는 빛입니다. 그 외에도 온도 변화, 식사, 신체활동 등이 우리의 생체시계에 영향을 미칩니다.

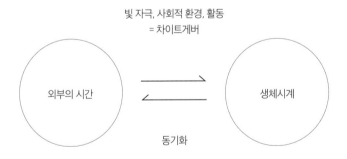

생체시계는 이 차이트게버에 의하여 외부시간에 끊임없이 동기화해야 합니다.

동기화가 필요한 대표적인 것이 계절의 변화입니다. 계절의 변화에 따라서 낮과 밤의 길이가 달라지기 때문이죠.

봄에는 겨울보다 늦게 자고 일찍 일어나서 천천히 정원을 산책하세요. 여름에는 봄보다 늦게 자고 일찍 일어나며 햇빛 쬐는 걸 싫어하지 말아야 합니다. 가을에는 여름보다 일찍 자고 닭이 울 때쯤 조금 일찍 일어나세요. 겨울에는 일찍 자고 해가 뜰 때를 기다려 늦게 일어나야 합니다.

음양현상에 의해 생기는 사계절의 변화는 온갖 사물이 시작하고 끝나는 기본이 되고 살고 죽는 뿌리가 됩니다. 이를 거스르면 재해가 생겨나고, 이를 따르면 가혹한 질병이 일어나지 않을 것입니다. 이것을 도를 터득한 경지라고 합니다.

- 《황제내경》 중에서

한의학과 양생이론에서는 계절에 따라 기상시간과 수면시간을 다르게 하라고 합니다. 이는 계절에 따라서 해가 뜨고 지는 시간이 달라지므로 빛을 쬐는 것과 활동시간을 조절하여 우리 내부의 생체시계가 외부에 잘 동기화되도록 하기 위해서입니다.

| 시간을 거스르는 일의 위험성 |

달라지는 외부의 시간에 생체시계가 잘 동기화할 수 있도록 양생에서는 계절에 따른 생활 방법을 제시하고 있습니다. 하지만 현대인의 외부 시간은 계절의 변화가 없어도 수시로 달라집니다. 밤낮을 가리지 않는 과중한 일과 활동, 늦은 밤의 과도한 음주와 야식, 밤낮을 알지 못하게 할 정도의 강한 인공조명 등은 내부의 생체시계를 혼란스럽게 해서 외부의 시간에 동기화하는 것을 어렵게 합니다. 가장 먼저 일어나는 문제가 수면과 각성 주기의 교란입니다.

국제적으로 분류된 수면장애의 종류는 80가지에 가까울 정도로 많지만 그중 상당수가 일주기리듬의 혼란에서 비롯됩니다. 이를 '일주기리듬 수면장애'라고 합니다. 일주기리듬 수면장애 환자들은 사회적으로 필요한 시간에 잠들거나 깨어나는 것에 큰 어려움을 겪기 때문에 우선적으로 수면 부족에 의한 증상을 호소합니다. 앞에 나왔던 프리랜서 올빼미 씨는 일주기리듬이 뒤로 밀려 있습니다. 그래서 해가 뜬 지 한참 지나서야 기상하게 되고 햇빛을 받는 시간이 줄어들기 때문에 뒤로 밀려난 일주기리듬이 정상화될 기회를 얻지 못합니다. 앞에서 말했듯이 생체시계가 외부의 시간에 동기화하도록 하는 가장 강력한 인자는 빛이기 때문입니다.

문제는 단지 수면장애에 그치지 않습니다. 우리 몸에서 중심 역할을 하는 시계는 앞에서 말한 시교차상핵에 있는 중추시계이지만, 중추시계뿐만 아니라 우리 몸 대부분의 세포에도 생체시계 유전자들이 있습니다. 간, 근육, 심장 같은 조직이나 기관에도 생체시계가 있다는 것입니다. 따라서 생체시계는 생리, 대사, 행동 전반을 조절하는 범용적인 조절 기구입니다. 결국 일주기리듬의 교란은 그저 약간 피곤하고 잠을 잘 못 자는 정도의 문제가 아니라 비만, 당뇨 같은 대사질환부터 심장질환과 암, 그리고 조울증 같은 정서적인 문제까지 매우 많은 질환에 발병 요인이 된다는 사실이 현재는 널리 인정받고 있습니다. 이는 최근 20년간 이루어진 최신의 연구 성과입니다. 예를 들면 매일 1~2시간씩만 수면을 줄여도 우리 몸의 건강상태를 나타내는 대사지표들에 즉각적인 악화가 일어나고 심장마비의 위험성이 크게 높아집니다. 반대로 충분한 수면을 취하고 규칙적인 수면-각성 주기를 지킬 때 이런 대사지표의 개선, 정서 변화의 안정 같은 긍정적인 효과는 즉각적으로 일어납니다.

　이와 관련해 역학조사를 통해서도 많은 연구가 이루어졌습니다. 일주기리듬의 교란이 끊임없이 일어나는 대표적인 직업으로 3교대를 하는 간호사가 있습니다. 그런데 간호사들 사이에 당뇨병이나 유방암의 발병률이 일반인에 비해 훨씬 높다는 보고가 지속적으로 발표되고 있습니다. 또 2009년 WHO에 의해 일주기리듬 교란이 암과 대사질환 발병의 주요 위험 요인이 될 수 있다는 점이 공인되었습니다. 이쯤 되면 한의학과 양생학에서 '음양의 법칙을 거스르면 질병과 재앙이 생긴다'라고 일관되게 이야기하는 것이 결코 과장된 진술이 아님을 알 수 있습니다. 과거에 그만한 통찰을 가졌다는 것이 놀라울 정도입니다.

　사실 양생이론과 시간생물학에서 강조하는 이런 이야기들은 우리가 어릴 때부터 부모님과 할머니 할아버지에게 늘 듣던 당연한 얘기입니다. 하지만 우리가 나이가 들어 어른이 되고 과도한 업무량에 치여서, 또는 밤늦게까지 노는 즐거움을 알아버려서 한때는 당연했던 가르침을 외면하고 있지 않나 생각해볼 필요가 있습니다. 그저 고리타분한 이야기로 치부하

거나 '지금 내가 처한 환경 때문에 어쩔 수 없어!'라고 합리화
하기엔 나에게 올지 모를 재앙이 너무나도 크기 때문입니다.

적
-용
-해
-보
-기

각자가 가진 직업과 생활환경을 고려하지 않고 모두에게 일괄적
으로 몇 시에 자고 몇 시에 일어나라고 할 수는 없습니다. 또한
우리의 생체시계는 외부 환경에 맞춰 수시로 동기화하는 기능이
있기 때문에 그럴 필요도 없습니다. 다만 현대사회가 과거에 비
해 동기화 기능이 제대로 발휘되지 못할 정도로 생체시계를 혼란
시키는 요인이 많은 것도 사실입니다. 각자의 직업적·사회적 환
경 때문에 한계가 있더라도 그런 요인을 가능한 한 교정하려는
노력은 큰 의미가 있고, 시간이 갈수록 나의 몸에 많은 긍정적인
변화를 가져올 것입니다.

1. 빛 조절

일주기리듬을 교정하는 치료로 가장 대표적인 것이 광치료입니다. 인공적인 강한 빛을 쬐는 것이기 때문에 두통, 안구자극, 구역 같은 부작용이 보고되기도 합니다. 하지만 광치료를 받지 않더라도 자연광을 받는 시간을 조절하는 것은 우리가 바로 실천할 수 있는 방법입니다.

(1) 아침 기상시간에 빛 쬐기: 앞서 우리 몸의 생체시계에 가장 큰 영향을 미치는 요인이 빛이라고 했습니다. 그리고 생체시계가 빛에 가장 큰 반응을 보이는 시기가 새벽녘 해가 뜰 때입니다. 이때 기상해서 충분한 빛을 쬐는 것이 좋습니다. 아침 햇빛을 쬐면서 기상할 수 있는 환경을 만들어보도록 합니다.

(2) 저녁시간에 빛 차단하기: 한밤중에도 환한 조명, 밤늦게까지 들여다보는 TV와 스마트폰의 강한 빛 자극은 우리의 생체시계를 혼란스럽게 합니다. 아침에 빛을 쬐는 것만큼 밤에 자기 전에 지나친 빛 자극을 피하는 것도 중요합니다. 실제로 일주기리듬을 교정하기 위해 치료 중인 환자들에게 저녁시간에 과한 빛 자극을 받지 않게 선글라스를 착용하도록 하기도 합

니다. 선글라스 착용까지는 아니더라도 해가 진 이후에는 지나치게 강한 조명을 켜지 말고 잠들기 1~2시간 전에는 스마트폰, 컴퓨터, TV에서 오는 강한 빛을 보지 않으려 노력하는 것이 중요합니다.

(3) 저녁시간에는 백열등 켜기: 저녁시간 이후부터 잠들기까지 빛 자극을 덜 받으려고 해도 아예 조명을 켜지 않기는 현실적으로 힘듭니다. 하지만 해가 진 이후에 집 안에서 지나치게 밝은 형광등보다 조도 조절이 가능하고 포근한 느낌이 드는 백열등을 켜는 것만으로도 수면에 도움이 됩니다. 다른 모든 조건을 동일하게 하고 저녁시간에 켜는 조명만 다르게 했을 때 백열등을 켠 그룹이 형광등을 켠 그룹보다 수면의 만족도가 높았고 수면의 질 또한 높게 평가되었다는 연구가 있습니다. 호텔에서 은은하고 노란빛이 나는 전등을 수면등으로 사용하고 그곳에서 휴식을 취할 때 푹 잠들 수 있는 것도 같은 이유입니다.

2. 식이요법

멜라토닌은 일주기리듬에 관여하는 호르몬인데 밤중에 주로 분비되고 수면을 유도합니다. 일주기리듬이 깨져 밤에 잠이 오지 않는 분들 중에 멜라토닌 분비가 부족한 경우가 있습니다. 식이요법은 멜라토닌이 잘 분비되는 데 도움이 됩니다.

보리, 귀리, 호두, 바나나, 토마토, 상추, 여러 해조류는 멜라토닌을 만드는 기본 구성 물질인 트립토판이 들어 있어서 숙면에 도움이 됩니다. 물론 자기 전에 먹으면 오히려 속을 불편하게 할 수도 있으니 평소 식사 때 먹는 게 좋습니다.

3. 식사와 활동

식사나 인체의 활동도 일주기리듬에 영향을 미치는 인자들입니다. 당연히, 자기 전에 야식을 먹거나 지나치게 몸을 움직이는 활동을 하는 것은 일주기리듬에 안 좋은 영향을 미칩니다. 밤에 숙면을 취하려면 충분히 운동을 해야 한다는 말을 듣고 자기 전에 격렬한 운동을 하는 분들이 있습니다. 이는 생체시계가 외부의 시간에 동기화되는 데 혼란을 줄 뿐입니다. 밤에 잠이 잘 오도록 운동을 하라는 조언은 낮 시간 동안에 충분한 운동과 활동을 하라는 뜻입니다. 낮 시간에 충분히 활동하되, 잠들기 전 적어도 2~3시간 동안은 음식을 먹거나 과도하게 움직이지 말고 몸이 이완될 수 있도록 독서나 사색, 명상 같은 정적인 활동을 시행하는 것이 좋습니다.

쓸데없는 짓의
아름다움

"저는 어떤 취미를 가지면 좋을까요?" 대학교 4학년이 되어
한창 취업을 준비하던 후배가 저에게 던진 질문입니다. 제가
"아무거나 네가 관심 있고 즐겁게 할 수 있는 취미를 가지면
되지, 뭐 그런 걸 물어봐?"라고 대답했더니 다음과 같은 말이
돌아왔습니다. "아뇨. 아무거나 말고요. 이력서에 쓸 만한 취
미요. 자기소개서 쓸 때 취미란에 쓸 게 없어서요."

그 후배가 말한 취미는 이력서에 한 줄 적어 넣을 만한 일
종의 '스펙'을 의미했습니다. 회사의 인사담당자들이 이력서

를 볼 때 이제 독서나 영화감상 같은 취미는 식상하게 여기고, 뭔가 특별하면서도 업무에 도움이 될 만한 취미를 원한다는 것입니다. 실제로 그의 주변 사람들은 스펙이 될 만한 취미를 이력서에 적어 내고 면접에서 어필하기 위해서 학원을 다니기도 한다고 했습니다. 예컨대 영업직을 지망하는 사람은 자신의 외향성을 증명하기 위해서 노래나 춤을 배우러 학원을 다니는 것이지요. 이처럼 지금은 취미도 스펙인 시대가 되었습니다. 실제로 포털사이트 검색창에 '취미'라는 단어를 검색하면 '이력서에 적을 취미' '생활기록부에 적을 취미'를 추천해달라는 글이 많이 눈에 띕니다.

참 너무하다는 생각이 듭니다. 우리는 어릴 적부터 무언가에 관심을 가질 때마다 쓸데없는 짓 하지 말고 공부나 하라는 말을 들으며 자라왔습니다. 그런데 어른이 되자 이제 취미생활조차 업무에 도움이 되는 것을 하라고 합니다. 어렸을 때나 자라서나 사회가 우리에게 원하는 것은 일관적입니다. 쓸데없는 일 하지 말고 생산적인 일을 하라는 것입니다. 그것이 취미 활동일지라도요.

│ 목적을 가지는 활동 vs 자체로 목적인 활동 │

일본 에도시대의 우스갯소리 중에는 이런 이야기가 있다고
합니다.

> 노인_ 이봐, 젊은이. 젊은 사람이 그리 놀기만 하면 쓰나. 얼
> 른 일을 열심히 해야지!
>
> 젊은이_ 왜 일을 해야 하나요?
>
> 노인_ 일을 해야 돈을 벌지!
>
> 젊은이_ 돈을 벌면 어찌 되는데요?
>
> 노인_ 부자가 될 수 있지!
>
> 젊은이_ 부자가 되면 어찌 되는데요?
>
> 노인_ 부자가 되면 놀면서 지낼 수 있지!
>
> 젊은이_ 저는 지금도 놀면서 지내는데요?

우스운 콩트처럼 들리지만 곰곰이 생각해보면 이 이야기
는 우리에게 나름의 묵직한 철학적 질문을 던져줍니다. 우리
가 하는 모든 활동의 근원적 목적은 무엇인가에 대해서요.

아리스토텔레스는 《니코마코스 윤리학》에서 인간의 모든
활동·탐구·행동은 최종적으로 어떤 선善, 즉 '좋은 것'을 달

성하기 위함이라고 보았습니다. 그리고 이런 관점에서 인간의 활동을 크게 두 가지로 구분했습니다. 첫째는 어떤 목적을 달성하기 위한 수단으로서의 활동이고 두 번째는 그 자체가 목적인 활동입니다.

저는 일 년 전부터 재즈피아노를 배우기 위해서 일주일에 한 번씩 실용음악학원을 다닙니다. 시골에 살기 때문에 가장 가까운 학원을 가려고 해도 왕복 100km의 거리를 하루 두 시간가량 운전해야 합니다. 그런 수고를 마다하지 않는 이유는 물론 음악을 듣고 연주하는 것이 즐거워서죠. 저를 가르쳐주시는 선생님은 제가 피아노를 연주하는 모습이 본인보다도 훨씬 즐거워 보인다고 말했습니다. 선생님도 피아노 연주가 무엇보다도 즐거워서 피아노를 전공했을 것입니다. 하지만 그것이 직업이 된 순간, 선생님에게 피아노 연주는 단순히 그를 통해서 행복을 얻는 것 이상이 되어야만 했습니다. '생계'라는 목적이 추가되었지요. 수강생들에게 가르쳐주기 위해서도 연주를 해야 하고 때로는 좋아하지 않는 곡도 무대에서 반복해서 연주해야 합니다. 선생님에게 피아노 연주는 '어떤 목적을 달성하기 위한 수단'이라는 속성이 더해졌습니다.

하지만 저는 선생님보다 음악적 재능은 훨씬 부족할지언정 내가 가진 감성으로 자유롭게 연주하는 자체가 즐겁습니다. 저에게 피아노 연주는 '그 자체가 목적인 활동'입니다. 물론 저에게도 그것을 통해서 달성하고자 하는 다른 목적이 있었다면 지금만큼 즐겁지 않았을 수도 있겠지요. 예를 들면 피아노 연주를 배워서 내가 좋아하는 이성을 유혹해야겠다는 목적이 있었다면 피아노 레슨은 얼른 해치워버리고 싶은 숙제처럼 느껴졌을지도 모릅니다.

이처럼 아리스토텔레스는 '그 자체가 목적인 활동'이 '어떤 목적을 위한 수단이 되는 활동'보다 더 바람직하며 후자의 활동은 전자에 종속된다고 보았습니다. 전자의 활동은 그 자체가 목적이기 때문에 자족적입니다. 스스로를 만족시키는 것입니다. 누군가의 관점에서 볼 때는 한의사인 저에게 피아노 연주란 아주 쓸데없는 취미입니다. 커리어에 도움이 되는 것도 아니고 돈을 벌 수 있는 것도 아니니까요. 하지만 그렇기 때문에 저에게 피아노 연주는 그 자체로 순수한 즐거움입니다. 생산성이라는 관점에서 볼 때는 쓸데없는 일이 오히려 저의 삶을 풍성하게 해줍니다.

그렇다면 모든 활동의 최종적인 목적이 되는 것, 우리가 달성할 수 있는 선 중에 최고의 선은 무엇일까요? 아리스토텔레스는 행복이라고 말했습니다. 행복이란 그 자체로 우리가 궁극적으로 원하는 것이고 어떤 경우에도 다른 것을 위한 수단으로 바라는 것이 아니기 때문입니다.

그렇다면 의문이 하나 생깁니다. 아리스토텔레스는 그 자체로 목적인 행동은 모두 선하며 우리에게 행복을 가져다준다고 생각했을까요? 예컨대 음식과 술을 흥청망청 먹고 마시는 행위도 선하며 우리에게 행복을 가져다줄까요? 물론 아닙니다. 그는 세 가지 삶의 방식을 얘기하며 어떤 삶이 궁극적인 행복을 달성할 수 있는지 이야기합니다.

첫째는 향락적 삶입니다. 많은 사람이 행복을 쾌락과 동일시하지만 아리스토텔레스는 쾌락만 좇는 것은 동물적 삶이라고 단언합니다. 감각적 쾌락은 인간만의 고유한 것이 아니라 동물도 가지고 있기 때문입니다. 또 아리스토텔레스는 궁극적인 행복이란 그 자체로 완전하고 지속성이 있어야 한다고 보았습니다. 하지만 쾌락은 인간의 육체적 본능과 감각에 의존하기 때문에 완전하지 못하며 지속될 수 없고 몸과 마음을 피폐하게 만듭니다.

둘째는 정치적 삶입니다. 이것은 명예를 중요시하는 삶입니다. 하지만 명예는 나 혼자서 느낄 수 있는 것이 아니라 타인에게 의존해야 합니다. 내가 만약 '나는 명예를 가지면 행복할 것이다'라고 생각한다면 나의 행복은 나를 명예롭다고 인정해주는 사람들에 의해서 결정됩니다. 그렇기 때문에 자족적이지 못하며 궁극적 행복이 될 수 없고 피상적입니다.

셋째는 관조적 삶입니다. 이것은 이성적으로 사유하는 삶입니다. 아리스토텔레스는 이것이야말로 자족적이고 참된 행복에 이르는 길이라고 보았습니다. 인간이 진정으로 행복하려면 인간만의 고유한 지성으로 사유하고 실천하여 덕과 탁월함을 활짝 꽃피워야 한다는 것입니다. 그리스어로 철학philosophia은 '지혜sophia를 사랑하다'라는 의미를 담고 있습니다. 누군가는 철학이 먹고사는 데 아무짝에도 도움이 되지 않는 말장난이라고 말합니다. 그러나 철학은 오로지 지혜를 사랑하기 때문에 행하는 것입니다. 그렇기 때문에 아리스토텔레스의 관점에서 본다면 철학만큼 자족적이고 지속적인 관조 활동도 없습니다.

| 자연과 삶과 예술이 하나가 되다 |

이번에는 우리 민족의 이야기를 해봅시다. 이 땅의 우리 조상들은 어떤 취미생활을 했을까요? 당신의 머릿속에 떠오르는 장면은 어떤 장면인가요? 경치 좋은 곳에서 술을 마시며 기생들이 연주하는 음악을 듣고 시를 쓰며 우아하게 노는 장면인가요? 흔히들 '풍류風流'라 일컫는 것이지요. 어딘가 고상하고 멋스럽게 노는 모습이요. 하지만 이는 반쪽짜리 의미에 가깝습니다. 또 그렇게 해석하면 어딘가 모르게 '고상한 듯하지만 결국 그저 먹고 마시며 노는 데 불과하다'고 깔보는 시선처럼 느껴지기도 합니다.

풍류라는 단어가 처음 나타난 것은 신라시대 고운孤雲 최치원의 글입니다. 《삼국사기》에 의하면 화랑제도의 설치와 관련해서 인용된 〈난랑비문〉에 풍류라는 단어가 처음으로 나왔습니다.

나라에 현묘한 도道가 있으니 이를 풍류라 한다. 이는 유교,
불교, 도교의 삼교를 내포한 것으로 모든 생명과 접촉하면
이들을 감화시킨다.

- 〈난랑비문〉 중에서

무언가 우리가 알던 뜻과는 다르게 심오해 보이나요? 풍류는 단순히 노는 것을 넘어 우리 고유의 사상이자 유교, 불교, 도교를 아우르는 정신이었습니다. 그리고 우리가 흔히 알고 있는 신라시대 화랑도의 다른 이름이 '풍류도'입니다. 풍류도에서는 이상적인 청년을 기르기 위한 교육수단으로 크게 세 가지를 강조하였습니다.

첫 번째는 '도의로써 서로 연마한다'는 뜻의 상마이도의相磨以道義입니다. 당시는 이미 유교, 불교, 도교가 들어와 있었는데 각각이 제시하는 정신과 윤리를 익히고 인격을 닦는 데 힘쓰라는 것입니다. 두 번째는 '노래와 춤을 통해 아름다운 감정을 기른다'는 뜻의 상열이가락相悅以歌樂입니다. 예술적 소양을 기르는 것을 의미합니다. 세 번째는 '아름다운 산수를 찾아 유람하며 심신을 단련한다'는 뜻의 유오산수遊娛山水입니다. 자연과 함께 조화되어 사는 법을 배우는 것입니다.

이렇게 진리 탐구와 예술, 자연과의 조화를 통해 인격을 수양하는 것이 풍류도 교육의 3대 과목이었습니다. 이것이 풍류라는 단어에 담긴 원래 뜻입니다. 하지만 시간이 갈수록 그 속에 담긴 사상적 의미는 지워지고 자연 속에서 즐기며 노는 것만을 의미하는 말로 바뀌게 된 것입니다.

이번엔 조선시대로 가봅시다. 조선시대의 지식인인 선비들 역시 풍류를 중요시했습니다. 그들에게도 풍류란 단순히 즐기고 노는 것에 그치지 않았습니다. 그들은 학문과 예술이 하나가 되게 하는 학예일치學藝一致 정신을 중요시했습니다. 그림이나 글씨가 손끝의 잔재주에서 나온다고 생각하지 않았습니다. 그래서 조선말기의 문신이자 실학자, 서화가인 추사 김정희 선생은 이렇게 말했습니다.

가슴속에 맑고 오래되며 높고 바른 정신淸古高雅이 없으면 글씨가 나오지 아니한다. 또 그것은 문자의 향기文字香와 서책의 기운書券氣이 없다면 표현되지 못한다.

선비들은 많은 독서와 깊은 사유, 그에 따라 완성된 맑고 높은 뜻이 있어야 비로소 좋은 그림과 좋은 글씨가 나온다고 생각했습니다. 그들이 생각한 이상적 인간, 즉 학예일치를 이룬 자는 문文·사史·철哲이라는 학문과 시詩·서書·화畵라는 예술이 균형 있게 조화된 인격체를 의미했습니다.

│ 쓸데없는 일의 중요성 │

아리스토텔레스가 얘기했던 관점대로 우리가 좀 더 본질적인 행복에 다가가려면, 그리고 우리 조상들이 얘기한 것처럼 자연과 삶과 예술이 조화된 이상적 인간에 가까워지려면 어떻게 해야 할까요? 현대인에게 현실적으로 제시할 수 있는 방법은 좋은 취미생활을 가지는 것입니다. 그렇다면 어떤 취미가 좋을까요? 저는 두 가지로 요약해서 제안하고 싶습니다.

첫 번째, 나의 인생에서 아무짝에도 쓸데없을 것 같은 취미입니다. 현대사회의 기준에서 쓸데없는 취미 활동이란 무엇일까요? 직업, 먹고사는 일, 커리어에 도움이 되는 일을 제외한 모든 활동입니다. 생업과 거리가 먼 분야일수록 '어떤 목적을 이루기 위한 수단으로서의 활동'에서 '그 자체가 목적인 활동'에 가까워집니다. 누군가는 이렇게 말하기도 합니다. '네가 진정으로 원하는 일을 직업으로 삼아야 해!'라고요. 하지만 우리는 고도로 분업화된 사회를 살고 있습니다. 모든 사람이 자신의 능력을 고도로 발휘하면서도 보람 있는, 그래서 그 자체에서 행복을 느낄 수 있는 직업을 가지기란 쉽지 않습니다. 소수의 사람들은 진정 하고 싶은 일을 하는 동안 매 순간 기뿜을 느끼며 돈도 벌 수 있겠지요. 하지만 대다수의 사람들은 학교에서 수업시간 내내 하교시간을 기다리는 아이들처럼 사무실의 책상에서, 공장의 컨베이어 벨트에서, 서비스센터에서 돈을 벌기 위해 긴 시간을 버텨내야 합니다. 그래서 우리는 여가시간만큼은 '쓸데없어 보이는 일'을 허용해야 합니다. 그 활동은 먹고사는 일과 관련이 없기 때문에 오히려 나의 삶을 더 빛나고 풍성하게 만들 것입니다.

두 번째, 단순히 수동적인 쾌락을 얻는 취미가 아니라 인간으로서 가진 지성과 능력, 탁월성을 능동적으로 발휘할 수 있는 취미입니다. 예를 들면 같은 영화 한 편을 보더라도 사람에 따라 그 모습은 다릅니다. A라는 사람은 볼거리에만 주목하고 수동적으로 즐길 뿐 영화에 대해서 다시 생각해보지 않습니다. B라는 사람은 영화에서 얘기하는 주제와 가치에 대하여 깊게 생각해보고 글을 써보기도 하며 삶에 적용합니다. 같은 영화를 보더라도 태도가 능동적이냐 수동적이냐에 따라서 진정한 취미생활을 했는지 여부가 달라집니다.

어떤 이들은 취미란 그저 적당한 즐거움을 얻으면 그만이지, 지나치게 깊이 파고들거나 머리를 싸맬 필요가 없다고 말합니다. 하지만 그들이 말하는 활동은 우리에게 피상적 즐거움만을 줄 뿐입니다. 지금 나의 삶에서 가장 즐거웠던 순간을 떠올려본다면, 혹은 내가 죽기 직전에 나의 삶을 회상해본다면 머릿속에 어떤 모습이 떠오를까요? 그저 수동적으로 쾌락을 얻었던 여흥의 순간일까요? 치열하게 사유하고 진심을 다해서 나의 탁월함을 발휘했던 순간일까요?

취미 활동의 분야가 무엇이든 상관없습니다. 음악일 수도, 운동일 수도, 문학일 수도, 주류사회로부터 서브컬처라 불리는 분야일 수도 있습니다. 그것이 무엇이 되었든 간에 내가 능동적으로 본성을 발휘하고, 다른 목적을 위한 수단이 아니라 그 자체로 목적인 활동이라면 충분합니다. 그 활동은 나의 삶에서 빈 것처럼 보였던 부분을 아름답고 풍성하게 채워나갈 것입니다. 만약 당신이 오늘 누군가에게 '먹고사는 데 도움도 안 되는 일을 뭐하러 그리 열심히 하니?'라는 말을 들었다면 당신의 삶은 어제보다 더 풍성해진 것입니다.

질 / 문 / 해 / 보 / 기

당신이 하루에 하는 활동의 종류를 생각해봅시다.

1. 나의 하루 일과 중에서 '그 자체가 목적이었던 활동'과 '다른 목적을 위한 수단이었던 활동'을 나누어서 적어봅시다.

2. 나의 삶에서 진심을 다해 사유하고 탁월성을 발휘해서 진정한 행복이라 부를 만한 것을 느낀 순간이 있었나요? 있었다면 언제인가요?

혼자 걷고,
함께 걷고,
그냥 또 걷기

걷기는 남녀노소 누구에게나 훌륭한 운동입니다. 개개인의 수준에 맞춘 적당한 걷기는 몸에 무리가 적으면서도 건강을 증진하며 많은 질병을 예방합니다. 또한 이미 병을 앓는 사람에게도 사지의 운동을 제한해야 하는 경우가 아니라면 걷기는 첫 번째로 권해지는 운동입니다. 걷기가 우리 몸과 건강에 미치는 긍정적인 영향에 대한 연구는 너무나도 많고 상식적으로도 많이 알려진 터라 일일이 열거하기가 새삼스러울 정도입니다.

가장 많이 알려진 걷기의 효과는 심혈관계 질환과 대사질환의 위험인자에 대한 개선입니다. 많은 연구들이 적당한 강도로 규칙적으로 꾸준히 걷기를 할 때 체중, 혈압, 체질량지수BMI, 혈당량 등이 개선된다고 보고하고 있습니다. 당뇨를 진단받은 환자에게는 혈당 조절 효과가 있고, 이미 고혈압 약을 복용하고 있는 환자에게도 혈압 강하 효과가 있어 약물요법과 병행할 만한 보조요법으로 여겨집니다.

암 환자가 수술 후나 방사선 치료 중에 체력이 많이 떨어졌을 때도 걷기운동이 권장됩니다. 피로를 풀기 위해 무조건 가만히 있는 것보다는 전문가의 도움을 받아 적당한 강도로 걷는 것이 훨씬 도움이 된다는 뜻입니다.

우울증을 앓는 사람에게도 첫 번째로 권해지는 운동이 바로 걷기입니다. 우울증에 대한 걷기운동의 효과가 보고된 지는 이미 100년이 넘었습니다. 햇볕을 쬐며 적당한 강도로 걷는 것은 세로토닌의 분비를 활성화하고 심혈관계 기능을 개선합니다. 또 꾸준히 지속한다면 특정한 과제를 끝마치고 목표에 도달할 수 있는 능력에 대한 스스로의 평가인 '자기효능감'을 높입니다. 이런 효과들은 우울증을 개선하는 데 상당한 도움을 줍니다. 보건복지부 지정 우울증임상연구센터가 2010년 출간한 진료지침에 의하면 매일 30분 이상 약간 숨이 차는 정도로 걷는 것이 가장 좋습니다.

걷기는 우리의 건강에 이처럼 많은 긍정적인 효과를 주면서도 비교적 실천하기 쉬운 생활습관입니다. 저 역시 환자들에게 걷기의 중요성을 강조하지만 어떤 분들은 "걷기가 도움이 되는 것은 알겠는데, 어디까지나 치료는 약이 하는 것이고 걷기는 그저 '보조요법'에 불과한 것 아니냐"고 시큰둥한 반응을 보이시기도 합니다. 하지만 과연 고혈압 환자에게는 혈압약을, 당뇨 환자에게는 당뇨약을, 우울증 환자에게는 우울증약을 주면 그것으로 충분할까요? 고혈압을 예로 들면 혈압약만 복용하는 것은 우리 인체에서 '혈압을 높인 신체적 원인'은 내버려두고 그에 따른 결과인 '혈압'에만 집중하는 것입니다. 물론 이것도 의미가 없지는 않습니다. 혈압약은 혈압을 관리할 수 있는 가장 경제적이고 쉬운 방법이면서 고혈압으로 발생할 수 있는 다른 질환을 예방하기 때문에 필요하다면 반드시 복용해야 합니다. 하지만 약을 복용한다고 해도 신체에서 혈압 그 자체를 제외한 다른 문제점은 그대로 가지고 있다는 게 문제입니다. 그래서 이런 만성질환에 복용하는 약은 우리의 일반적인 생각과 달리 치료가 아니라 '관리'일 뿐이지요. 또한 장기적으로 복용했을 때 약이 주는 부작용도 쉽게 무시할 수 없을 것입니다.

반면에 식습관의 개선이나 걷기운동 같은 생활습관은 느리지만 우리 몸의 건강과 생리적 균형을 더 근본적으로 변화시킵니다. 무리하지 않을 정도의 강도로 운동하고 생활습관을 바꾸는 것이 진짜 '치료'인 것이지요. 사실 운동을 보조요법이라고 말하는 것은 의사의 입장에서 봤을 때 그럴 뿐입니다. 의사가 환자를 강제로 걷게 할 수는 없기 때문에 그저 권장하는 선에서 약의 처방이 우선되는 것이지요. 만약 의사의 가족이 그런 만성질환을 가지고 있다면 물론 약물치료도 함께 받게 할 테지만 걷기와 같은 생활습관의 중요성을 훨씬 강조할 수밖에 없을 것입니다.

| 아무런 목적 없이 걷기 |

양생가들도 산책을 가장 좋은 휴식 방법으로 권했습니다. 양생에서 얘기하는 휴식은 크게 두 가지로 나뉘는데 정적인 휴식인 정양靜養과 적당한 움직임을 통해 쉬는 동양動養입니다. 전자에는 정좌법이나 명상, 수면 등이 해당하고 산책은 후자에 해당합니다. 《천금익방千金翼方》에서는 '사계절의 날씨가 화창할 때마다 계절의 온도에 맞춰서 밖에서 200~300보를 걷는 것이 가장 좋다. 자신의 체력에 맞추어 걸어야 하며 지나치게 숨이 차거나 헐떡거리지 않으면 된다'라고 하였습니다.

걷기 중에서도 특별한 목적지나 정해진 경로 없이 천천히 걷는 것을 산책이라고 합니다. 산책은 걷는 것이기 때문에 그 자체로 운동이지만 달리 보면 하나의 휴식 방법이기도 합니다. 우리가 일반적으로 걷는 것은 어떤 목적을 가졌나요? 내가 원하는 곳으로 이동하기 위함입니다. 무언가를 하기 위해서 목적지로 이동하려고 걸을 때, 걷는다는 것은 빨리 끝낼수록 더 좋은 하나의 '과정'일 뿐입니다. 그래서 인간은 더 많은 일을 하기 위하여 더 빨리 걷습니다. 더 빨리 걷다가 뛰었고, 말을 탔고, 자동차를 만들어냈고, 비행기를 만들어냈습니다.

반면에 산책은 출발지와 도착지가 명확하지 않습니다. 무언가를 하기 위해서 이동하는 데 목적이 있지 않고 그저 걸으면서 풍경을 바라보고 사색하는 자체가 목적입니다. 먹고사는 것만이 목적인 사람에게는 참 의미 없어 보이는 행동일지 모릅니다. 그런 이들은 만약 운동이 필요하다면 러닝머신을 이용하겠지요. 하지만 다른 목적이 없기 때문에 오히려 산책은 우리에게 휴식이며 꼭 필요한 시간입니다. 우리가 하루 중 목적의 세계에서 벗어나는 순간은 많지 않기 때문입니다. 산책은 다른 어떤 활동보다도 확실하게 목적의 세계에서 벗어나서 나에게 의미 있는 시간을 줍니다. 다른 것의 방해를 받지 않고 온전하게 그 시간을 누릴 수 있는 가장 간단하면서도 실천적인 방법입니다. 바쁜 시간 속에서 매번 빠르게 지나쳤던 길들을, 지금 이 순간 걷는다는 행위 자체를 온전히 누리면서 산책해봅시다. 계절에 따라, 누구와 걷느냐에 따라, 어떤 생각을 하며 걷느냐에 따라 그 길은 매번 다른 길이 될 것입니다.

| 혼자 걷기 |

저는 무언가 정리해야 할 생각이나 골치 아픈 문제가 있을 때 주로 혼자서 정처 없이 걷곤 합니다. 공원을 걷기도 하고 가파르지 않은 산길을 걷기도 합니다. 때로는 사람들이 많이 지나다니는 거리를 돌아다니며 사람들의 모습을 바라보기도 합니다. 그렇게 발길 닿는 대로 이동하면서 머릿속의 생각들 또한 물 흐르듯이 이리저리 왔다 갔다 하도록 내버려둡니다. 어떻게 보면 '멍때리는' 시간이라고 할 수도 있고 저에게는 가장 좋은 사색의 시간이라고 할 수도 있습니다. 그러다 보면 마음이 차분해지며 머리를 싸매도 정리되지 않던 생각들이 어느 정도 저절로 정리가 되는 경험을 하곤 합니다.

우리가 하루 동안 다른 것의 방해 없이 온전하게 자신을 들여다볼 수 있는 시간이 얼마나 되는지 생각해봅시다. 아침에 눈을 뜨자마자 휴대폰을 확인하며 하루를 시작해서 잠드는 순간까지도 외부로부터 정보를 받아들이기만 합니다. 그러니 우리의 마음에 과부하가 걸리지 않을 수가 없습니다. 특히나 스마트폰이 보급된 이후로는 잠깐의 심심함과 빈 시간도 참지 못하고 스마트폰을 만지는 것이 우리의 모습입니다. 웨이트운동을 해본 분들은 휴식의 중요성이 얼마나 큰지 아실 것입니다. 우리의 근육이 자라는 것은 운동을 할 때가 아니고 운동을 하고 나서 충분한 휴식을 취할 때입니다. 뇌도 마찬가지입니다. 우리에게 새로운 아이디어와 발전적인 영감이 떠오르는 순간은 책상 앞에서 계속 정보를 받아들일 때가 아니고 그저 그 생각들을 가만히 흐르도록 내버려둘 때입니다.

혼자 하는 산책은 현대인에게 훌륭한 사색의 시간입니다. 핸드폰을 내려놓고 팔을 가볍게 흔들며 숨이 차지 않을 정도로 천천히 걸어봅시다. 주변의 풍경을 바라보기도 하고 하늘을 바라보기도 하면서 천천히 걷다 보면 내면에서 나오는 소리에 오롯이 집중하고 스스로와 대화하는 소중한 시간이 찾아올 것입니다.

| 함께 걷기 |

저는 중학교 시절, 사춘기를 심하게 앓았습니다. 아버지는 사업에 실패하신 후 다시 집안을 일으키기 위하여 다양한 일을 하셨습니다. 그래서 저희 가족은 여러 번 이사를 해야 했고 저는 초등학교와 중학교를 각각 세 군데씩 다닐 정도로 전학을 많이 다녔습니다. 어쩌면 그런 환경이 제가 사춘기를 더 심하게 앓고 외로움을 느끼게 했는지 모릅니다. 16살의 저는 세상에 나를 이해해줄 사람, 완전한 내 편인 사람은 아무도 없다고 믿었고 그 대상은 가족도 마찬가지였습니다. 특히나 늘 바쁘셨던 아버지는 나에게 관심조차 없을 것이 분명하다고 믿었습니다. 그러던 어느 날, 학교에서 제가 잘못을 해서 아버지께서 불려 오시게 되었습니다. 집으로 함께 돌아가는 길, 얼마나 혼날까 하고 잔뜩 겁을 먹은 저에게 아버지께서 벌 대신에 제안하신 것은 뜻밖에도 '함께 걷는 것', 도보여행이었습니다.

그때 아버지의 마음은 어땠을까요? 아들이 잘못을 했다고 다 큰 녀석을 체벌할 수도 없고, 착하던 아들이 못난 아비 때문에 점점 삐뚤어져가는 것 같아 마음이 아프지만 입을 꾹 닫고 있는 사춘기 아들과 대화하기도 쉽지 않으셨을 것입니다. 그렇다고 서먹해진 가족 간의 관계를 돈독하게 해보자고 해외로 근사한 가족여행을 준비할 형편도 안 되셨을 것입니다. 그래서 아버지가 사랑하는 아들에게 해줄 수 있었던 것은 그저 함께 걷는 것뿐이었습니다.

아버지의 끈질긴 설득 끝에 우리는 도보여행을 시작했습니다. 제가 결국 그 여행을 받아들인 것은 아버지와의 사이에 벽을 두면서도 마음속에 나도 모르게 아버지에 대한 그리움이 있었기 때문이었겠지요. 계절은 한여름, 아버지의 고향인 경북 영덕에서 제가 태어난 부산까지 180km 정도의 거리를 4박5일 동안 걷게 되었습니다. 여전히 입을 꾹 닫고 있는 저보다 한 발 앞서기도 하고, 한 발 뒤에서 저를 바라보며 걷기도 하면서 아버지는 혼잣말처럼 이야기를 시작하셨습니다. 사업에 실패하고 매일을 술로 보냈던 할아버지, 그런 할아버지를 원망하며 자랐던 아버지의 어린 시절. 아버지가 청년이 되었을 때 뇌졸중으로 쓰러지신 할아버지와 할머니, 그리고 마음속에 키웠던 성공에 대한 갈망. 하지만 그런 조급함 때문인지 원망했던 할아버지의 전철을 다시 밟고 있는 아버지 본인의 모습과 어린 시절의 아버지를 닮아가는 아들의 모습을 보는 괴로움, 그래서 더 일에만 매달리게 되고 점점 멀어졌던 가족 간의 거리…. 4박5일 동안 함께 걸으며 그렇게 아버지는 한 번도 꺼내지 않았던 이야기를 하셨습니다. 실패한 아버지의 아들로 태어나, 아버지를 이해하고 받아들이는 데만 삶의 절반을 써야 했던 자신과 같은 괴로움이 아들에게는 없기를 바라며 이 여행을 제안했다고 말씀하셨습니다. 그리고 어느새 저도 제 마음속의 이야기를 꺼내기 시작했습니다.

그 여름 우리가 걷던 그 길은 아버지와 제가 서로를 이해하기 위하여 다가가는 길이었습니다. 앞에서 말했던 혼자 걷기가 사색을 통한 자기 자신과의 소통이라면, 함께 걷는 것은 함께 걷는 이와의 소통입니다. 저는 아버지와 동행했던 그 여행처럼, 아버지의 마음이 내가 태어난 순간부터 언제나 저를 향하고 있었다는 것을 알게 되었습니다. 그리고 그렇게 함께 걸으며 보았던 풍경과 함께 나눴던 대화는 지금도 저에게 소중한 기억으로 남았습니다. 너무나 사랑하지만, 사랑하기 때문에 그만큼 소통이 쉽지 않은 가족이 있나요? 실의에 빠져 위로가 필요한 소중한 친구가 있나요? 저는 당신이 단지 어떤 말을 건네기만 하는 것보다는 그 사람과 동행하며 그저 걸어보기를 권하고 싶습니다. 함께 걸은 시간은 결코 잊히지 않기 때문입니다.

적
-
용
-
해
-
보
-
기

올바른 걷기운동에 대해 알아봅시다. 우선 자신의 신체 상태에 맞춰서 적당한 강도와 시간을 설정합니다. 특별한 질병은 없지만 지금까지 시간을 내서 따로 운동을 하지 않았다면 회당 30분, 일 주일에 3~5회 정도로 시작하는 게 좋습니다. 적어도 두 달에서 석 달 정도는 지속해야 건강에 효과를 볼 수 있고 몸이 적응하면 차차 운동시간을 늘려가면 됩니다.

지금 앓고 있는 질환이 있다면 반드시 담당의사와 상담을 하여 운동 강도를 정하도록 합니다. 예를 들어 허리디스크가 있는 사람에게 적당한 걷기운동은 허리 주변 근육을 강화해주고 체중을 감량시켜 통증을 줄이는 데 도움이 되지만, 과하게 걸으면 오히려 걷기운동을 아예 하지 않는 것보다 통증이 심해질 수도 있습니다. 무릎관절염이 있는 사람도 마찬가지입니다. 적당히 걸으면 관절의 안정성과 통증 완화에 도움이 되지만 과하면 관절에 부하가 돼서 오히려 악영향을 미칩니다. 운동을 할 때 나에게 도움을 주는 강도와 해를 주는 강도는 종이 한 장 차이인 경우가 많습니다. 나의 근력과 체력이 적응하도록 전문가와 상담하여 운동 강도를 서서히 늘려가고 통증이 있다면 즉시 멈추어야 합니다.

1. 걷기운동을 시작하기 전 적어도 5분 동안 발목, 무릎, 허벅지, 허리, 어깨, 목 등 전신을 스트레칭합니다. 어릴 적 배웠던 국민체조도 훌륭한 스트레칭 방법입니다. 스트레칭은 앞으로 사용할 근육을 늘려 유연성을 높이고 관절의 가동범위를 넓혀 부상을 예방합니다. 특히 겨울철에는 스트레칭이 더욱 중요합니다. 이때 스트레칭을 너무 과하게 하지 않도록 주의합니다. 통증이 있는 범위까지 하면 오히려 손상의 위험이 있습니다. 시원한 느낌이 들 정도로 가볍게 풀어준다고만 생각하면 됩니다.

2. 이제 본격적으로 걸어봅시다. 걸을 때는 허리를 똑바로 펴고 턱을 조금 당기고 정면을 주시합니다. 손에 핸드폰 등을 쥐지 말고 주먹을 가볍게 쥐고 자연스럽게 흔들리도록 둡니다. 보폭은 억지로 크게 할 필요는 없지만 걸음을 힘있게 하고 발을 뻗을 때는 뒤꿈치가 땅에 먼저 닿게 합니다. 걷는 속도는 호흡이 지나치게 가쁘지 않으며 운동을 어느 정도 지속할 수 있을 만큼 약간 빠르게 걷습니다. 걷는 속도 역시 적응이 되면 조금씩 높여도 좋습니다.

3. 운동을 마무리할 때 마지막 5분 정도는 걷는 속도를 서서히 낮추며 숨을 고릅니다. 운동을 하는 동안 올라갔던 혈압과 심박수가 천천히 내려가고 몸이 잘 회복할 수 있도록 하는 것이 중요합니다.

4. 걷기운동을 끝낸 후 마무리로 다시 스트레칭을 실시합니다. 일반적으로 운동 전에만 스트레칭을 하는 경우가 많지만 운동을 끝내고 하는 스트레칭도 매우 중요합니다. 운동하는 동안 긴장되고 단축된 근육들을 가볍게 늘려줌으로써 빠른 회복과 젖산 배출에 중요한 역할을 합니다.

제대로
숨 쉬고
있습니까

아무것도 하지 않을 때 누군가 뭐하냐고 물어보면, 농담조로 '숨쉬기 운동을 한다'라고 대답하곤 합니다. 그런데 숨쉬기는 실제로 운동입니다. 몸의 근육을 사용하는 하나의 운동이고 다른 어떤 운동보다도 중요합니다. 여기서 중요하다는 말은 단순히 숨쉬기로써 생명을 유지하기 때문이 아닙니다. 제대로 숨 쉬는 법을 아는 것이 무엇보다도 중요하다는 뜻입니다. 어떻게 호흡하는지는 실제로 우리 삶에 많은 영향을 미칩니다.

양생에서 몸과 마음을 다스리기 위해서 하는 수련을 기공氣功이라고 합니다. 기공은 질병을 예방하고 치료하며 건강을 유지하는 것을 목적으로 합니다. 기공에서 가장 중요시하는 세 가지가 있습니다. 바른 자세인 조신調身, 정서의 안정을 뜻하는 조심調心, 바른 호흡을 말하는 조식調息입니다. 양생에서도 호흡을 매우 중요시함을 알 수 있습니다. 호흡을 수련한다고 하면 뭔가 종교적이거나 신비주의적이라고 오해하시기도 합니다. 무협지를 떠올리는 분도 계십니다. 하지만 서양을 비롯하여 세계적으로 올바른 호흡의 중요성을 인식한 지 오래되었고, 과학적인 연구가 이미 많이 이루어지고 있습니다. 동양의 명상법에서 유래한 호흡법들을 의료에 직접 활용하기도 합니다. 올바른 호흡이 우리에게 미치는 긍정적인 영향은 그 기전mechanism이 이미 밝혀져 있으며, 세계적으로도 불안장애 환자나 만성통증 환자에게 의료센터에서 실제 치료를 위하여 명상과 함께 올바른 호흡법을 가르칩니다.

| 두 가지 호흡 |

먼저, 호흡을 할 때 우리 몸의 모습을 살펴봅시다. 올바른 호흡을 하기 위해서는 호흡할 때 몸에 어떤 일이 일어나는지 알고 이미지화하는 것이 매우 중요합니다.

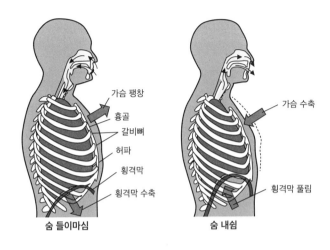

가슴 팽창
흉골
갈비뼈
허파
횡격막
횡격막 수축
숨 들이마심

가슴 수축
횡격막 풀림
숨 내쉼

　폐는 탄성력을 가진 주머니와 같습니다. 근육이 아니기 때문에 스스로 움직이지 못합니다. 폐는 흉곽에 둘러싸여 있고 주변 근육과 갈비뼈의 움직임에 따라 공기가 들어왔다가 나갑니다. 우리가 숨을 들이마실 때 횡격막은 수축하여 아래로 내려가고, 갈비뼈 사이의 근육인 외늑간근의 작용으로 흉곽은 넓어집니다. 이 과정에서 공기가 들어오는 데 주된 역할을 하는 것은 횡격막입니다. 주사기 피스톤을 잡아당기면 공간이 넓어지면서 공기가 들어오는 것처럼 횡격막이 아래로 당겨질 때 공기가 들어옵니다. 숨을 내쉴 때는 횡격막이 이완되면서 위로 올라오고 흉곽이 좁아지면서 숨이 나갑니다. 이런 과정을 통해 인체는 산소를 받아들이고 이산화탄소를 배출합니다.

그런데 호흡은 주로 어떤 방식으로 이뤄지냐에 따라서 두 가지로 나뉩니다. 첫째는 흉식호흡입니다. 숨을 들이마실 때 횡격막이 충분히 수축하여 아래로 내려가지 않고 가슴을 들어 올리는 것이 주가 되는 호흡입니다. 샤워를 할 때 상의를 모두 벗고 거울로 숨 쉬는 모습을 보면 쉽게 관찰할 수 있습니다. 숨을 쉴 때 가슴이 올라가고 어깨가 움직인다면 흉식호흡을 하는 것입니다. 이런 방식으로 호흡을 하면 폐의 아랫부분까지 기체의 교환이 충분히 이루어지지 않습니다.

그래서 흉식호흡을 주로 하게 되면 여러 가지 문제가 발생합니다. 먼저, 충분하지 못한 기체교환을 보조하기 위하여 갈비뼈를 최대한 들어 올리고자 목과 어깨의 근육이 개입하는데, 이 근육들이 과도하게 활성화되어 뻣뻣하게 긴장되고 단축됩니다. 목과 어깨 통증이 있는 환자의 상당수가 이런 흉식호흡을 주로 하고, 호흡의 불편을 겪습니다. 이런 환자가 침을 맞으면

흉식호흡

서 동시에 올바른 호흡법을 배우면 통증이 훨씬 빨리 줄어드는 것을 자주 보게 됩니다. 또한 근육의 긴장이 심한 경우 어지럼증이나 잦은 두통이 일어나기도 합니다. 머리를 앞쪽으로 잡아당겨 흔히 말하는 거북목 자세를 유발하기도 합니다.

올바르지 못한 호흡은 정서에도 영향을 미칩니다. 스트레스에 취약하거나 불안감을 많이 느끼는 환자의 상당수는 호흡 패턴이 불안정하고 흉식호흡을 하는 경우가 많습니다. 긴장이나 불안을 느낄 때 호흡이 빨라지는데, 흉식호흡으로는 기체 교환이 충분히 이루어지지 않다 보니 긴장과 불안이 더 커져 호흡은 더 얕고 빨라집니다. 호흡이 제대로 되지 않는다는 생각은 다시 불안감을 일으켜 악순환을 만듭니다. 극단적인 증상이 바로 과호흡hyperventilation입니다.

흉식호흡의 반대가 복식호흡입니다. 숨을 들이마실 때 횡격막이 충분히 하강하고 복부의 내용물들이 아래로 밀려 복부가 팽창하며 복부의 근육들에는 압력이 생기기 때문에 이런 이름이 붙었습니다. 복식호흡을 하는 사

복식호흡

람이 거울을 보면 숨을 들이마실 때 어깨 부분이 움직이지 않고 배가 앞으로 뿔록 나오는 모습을 볼 수 있습니다. 이 호흡에서는 숨을 들이마실 때 횡격막이 충분히 아래로 내려가 폐의 아랫부분까지 기체가 충분히 교환됩니다. 그리고 숨을 내쉴 때는 횡격막이 이완하면서 올라가 큰 힘을 들이지 않아도 날숨이 밖으로 나갑니다. 이 호흡은 횡격막이 중요한 역할을 하므로 횡격막호흡이라고도 불립니다.

고대의 양생가들은 올바른 호흡법으로 이런 횡격막호흡이 중요함을 수없이 강조했습니다. 양생에서 호흡법의 높은 경지로 제시하는 태식법胎息法이 바로 횡격막호흡과 같은 것입니다. 태식법은 배 속의 태아처럼 배꼽으로 호흡을 깊게 천천히 한다는 뜻인데, 물론 실제로 배꼽으로 호흡하는 것은 아닙니다. 횡격막이 충분히 하강하면 복부에 압력이 가해지고 올바르게 횡격막호흡을 하려면 숨을 들이마실 때 복부에 집중해야 합니다. 고대인들은 이것을 배로 숨을 쉰다고 생각하였을 것입니다. 횡격막이 충분히 하강하도록 복부에 집중하며 천천히 숨을 쉬면 충분한 기체 교환이 이루어지기 때문에 우리에게 생리적으로 훨씬 유리합니다.

| 깊게 숨 쉬면 몸도 마음도 달라진다 |

우리는 평소에 의식하지 않아도 호흡을 할 수 있습니다. 어떤 일에 집중하고 있을 때 우리는 숨을 쉰다는 것을 전혀 의식하지 않지만, 호흡은 혈액 중 기체의 구성요소와 정서 등에 영향을 받아서 속도와 깊이가 자동적으로 조절됩니다.

우리가 스트레스를 받을 때 호흡은 얕고 빨라지며 숨을 빠르게 들이마시려고만 하고 완전히 내쉬지 못하는 경향을 보입니다. 그리고 스트레스에 취약한 사람의 호흡은 주로 흉식호흡의 양상을 띠어서 산소와 이산화탄소의 교환이 충분하게 이루어지지 못하고, 이는 혈액 조성의 변화를 가져와 스트레스와 불안이 더 커집니다. 또한 교감신경계를 자극하여 호흡은 계속 빨라집니다.

정서가 호흡에 영향을 미치듯, 반대로 호흡을 통해서 우리의 정서와 몸의 변화를 조절할 수 있습니다. 호흡은 가만히 두면 자동적으로 조절되지만 우리의 의도에 따라 수의적으로 조절할 수도 있기 때문입니다. 흔히 화가 나거나 스트레스를 심하게 받을 때 심호흡을 하라는 것이 그 때문입니다. 스트레스를 받는 상황에서 숨을 들이마실 때 횡격막이 충분히 내려가 배가 앞으로 나오도록 천천히 숨을 쉬어봅시다. 숨을 깊게 들이마시고 천천히 내쉬면 몸이 이완되고, 횡격막이 충분히 운동하면 부교감신경이 활성화되어 정서가 차분해집니다. 스트레스 상황에서 이렇게 횡격막호흡을 하면 교감신경의 흥분상태가 감소되어 혈압과 심박동수가 감소하고 초조와 불안도 덜어지는 것을 즉각적으로 느낄 수 있습니다.

호흡이 우리의 정서를 안정시키는 이유는 심리학적으로도 생각해볼 수 있습니다. 마음을 다스리기 위한 명상법은 다양하지만 명상들 대부분이 호흡에 집중하여 깊고 천천히 숨을 쉬도록 합니다. 숨을 쉰다는 것은 우리의 감정이 개입하지 않는 객관적인 행위입니다. 불안이나 공포, 분노 등의 상념에 사로잡힐 때 호흡에 집중을 하면 부정적 생각을 반추하는 것으로부터 주의를 돌릴 수 있습니다. 그러면 몸을 이완할 수도 있습니다. 이 것을 인지적 전환cognitive diversion이라고 합니다. 예를 들어 밤에 잠을 자려고 해도 스트레스가 되는 사건이나 생각이 자꾸 떠올라서 잠들기 힘들 때가 있습니다. 이럴 때 호흡에 집중해서 천천히 숨을 쉬는 것은 몸을 이완하는 동시에 수면을 방해하는 생각으로부터 주의를 돌려 쉽게 잠들 수 있게 합니다.

두 번째로 생각해볼 수 있는 것은 인지적 재구성cognitive restructuring입니다. 공황장애를 앓는 사람이나 불안을 잘 느끼는 사람은 불안으로 인해서 신체의 증상이 동반되는 상황을 두려워합니다. 이들은 불안으로 나타나는 신체적 증상에 대한 이해가 부족하고 이를 심각한 증상으로 여깁니다. 그런 상황이 왔을 때 호흡이 잘 조절되지 않고 내가 내 몸을 조절할 수 없을 것이라는 생각은 불안을 더 심화시켜 하나의 악순환이 됩니다. 그럴 때 횡격막호흡을 통하여 깊고 규칙적으로 숨을 쉬면 즉각적으로 불안감과 신체적 증상이 완화됩니다. 그리고 훈련을 통하여 이를 반복적으로 경험하면 내가 나의 불안과 그에 동반되는 신체 증상을 조절할 수 있다는 자기효능감을 가지게 됩니다. 불안이 곧바로 호흡곤란으로 이어지는 악순환의 고리를 끊는 것이 바로 인지적 재구성입니다.

여기서 다루는 호흡법과 호흡을 통한 정서적 이완은 충분한 연습이 필요합니다. 불안이 심한 사람은 처음에는 호흡에 집중하는 것만으로도 불안감을 느끼는 경우도 있습니다. 하지만 꾸준히 참을성 있게 연습하면 점차 호흡에 질서가 생기고 불안이나 스트레스, 이유 없이 느끼던 여러 통증을 호흡을 통하여 조절할 수 있게 됩니다.

비슷한 것이 규칙적으로 반복되는 시간적 질서를 우리는 리듬rhythm이라고 부릅니다. 해가 뜨고 지는 하루의 반복이나 매년 반복되는 계절의 흐름처럼 우리에게도 리듬이 필요합니다. 그리고 인간의 삶에 가장 기본적인 리듬이 바로 호흡입니다. 당신은 어떤 리듬으로 살고 있나요? 경쟁과 불안을 부추기는 주변의 말들과 분위기에 휩쓸리고 쉽게 영향받아 불안하고 불규칙적인 리듬으로 살고 있지는 않나요? 저는 당신의 리듬이 타인에게 쉽게 영향받지 않았으면 좋겠습니다. 일정한 리듬으로 우리의 마음을 편안하게 하는 클래식음악처럼 규칙적이면서도 기분 좋게, 잔잔한 자신만의 리듬으로 호흡하며 당신의 삶이라는 음악을 연주하듯 살아갔으면 좋겠습니다.

적
용
해
보
기

호흡법들을 실제로 연습하기 전에 앞에서 얘기한 호흡의 중요성
과 호흡이 이루어지는 원리를 충분히 이해하는 것이 먼저입니다.
만약 잘 이해가 되지 않는 부분이 있다면 반복해서 읽고 이해한
후에 아래 호흡법들을 따라 하시기 바랍니다.

**1. 거울을 보고 호흡하는 모습을 바라봄으로써
내가 흉식호흡을 하는지 횡격막호흡을 하는지 알
수 있습니다.** 샤워를 할 때 윗옷을 벗고 관찰하면 더 잘 볼
수 있습니다. 흉식호흡을 하고 있다면 숨을 들이마실 때마다
배가 들어가고 가슴과 어깨가 위로 움직이는 것이 보입니다.
횡격막호흡을 하고 있다면 숨을 들이마실 때 배가 앞으로 나

오고 어깨가 전혀 움직이지 않을 것입니다. 거울을 보면서 숨을 마실 때 배가 나오면서 압력이 느껴지도록 깊고 천천히 숨을 쉬어봅시다. 이때 어깨와 목이 움직이지 않도록 완전히 힘을 뺀 상태에서 편안하게 호흡하는 것이 중요합니다.

2. 이번에는 누워서 연습해봅니다. 똑바로 누운 상태에서 한 손은 배 위에, 한 손은 가슴 위에 올립니다. 흉식호흡에 익숙한 사람이라면 숨을 들이마실 때 가슴에 올린 손은 위로 올라오고 배에 올린 손은 아래로 내려갈 것입니다. 깊게 숨 쉬는 법을 배우기 위하여 다음과 같이 따라 합니다.

완전히 숨을 내쉬어서 양손이 아래로 내려간 상태에서 시작합니다. 그 상태에서 코로 천천히 숨을 들이마시면서 배가 부풀어 오르고 배에 올린 손이 올라가도록 합니다. 횡격막이 아래로 충분히 하강하는 느낌을 기억합니다. 그 후에 폐로 공기가 들어오면서 가슴에 올린 손도 위로 서서히 조금 올라감을 느낍니다. 그리고 몸이 이완됨을 느끼면서 숨을 뱉습니다. 이때 양손이 다 아래로 천천히 내려오는 것을 느낍니다. 한 번에 20~30회씩, 하루 두 번 이상 연습하면 좋습니다.

3. 만약 위의 방법으로도 횡격막이 충분히 하강하고 배가 부풀어 오르도록 숨을 쉬는 방법에 감이 오지 않는다면 이번에는 엎드려서 실시합니다. 이 방법은 악어호흡Crocodile breathing이라고 불립니다.

엎드린 상태에서 양손으로 이마를 받쳐줍니다. 코로 깊게 숨을 들이마시면서 복부가 부풀어 올라 지면을 밀어내도록 합니다. 복부에 압력이 생기면서 땅을 밀어내는 느낌을 기억합니다. 다시 천천히 숨을 내쉽니다. 이를 반복하면서 숨을 들이마시고 내쉼에 따라 허리가 위아래로 움직이도록 합니다. 이 방법도 한 번에 20~30회씩 실시합니다.

4. 위의 호흡법들에 충분히 익숙해졌을 때 마음을 다스리는 호흡법을 실시할 수 있습니다. 스트레스를 받거나 긴장했을 때 우리 몸을 이완시키고 정서적으로 안정을 되찾을 수 있는 호흡법이자 이 자체가 하나의 명상법이기도 합니다.

조용하고 편안한 장소에서 앉아서 실시합니다. 기댈 곳이 있으면 기대는 것도 좋으나 척추는 바르게 폅니다. 편하게 앉은 상태에서 몸을 이완하고 특히 호흡할 때 어깨에 힘이 들어가거나 움직이지 않도록 합니다. 위에서 배운 호흡법을 바탕으로 천천히 횡격막호흡을 합니다. 가슴이 위아래로 움직이지 않고 배가 움직이도록 천천히 숨을 들이마시고 천천히 내쉽니다. 중간에 숨을 참지 말고 숨을 들이마신 후에는 바로 내쉬기를 시작합니다. 숨을 밖으로 내쉴 때 호흡에 관여하는 근육들이 이완하면서 부교감신경의 기능이 강화됩니다. 마음이 차분해지는 것을 느끼며 숨을 바깥으로 내쉽니다. 숨을 내쉴 때마다 마음속으로 '평안해진다'라고 되뇌는 것도 좋습니다.

처음에는 개인의 역량에 따라서 적당한 속도로 호흡하면 됩니다. 처음부터 너무 무리해서 깊게 천천히 호흡하려고 하면 불편할 수 있습니다. 불편함을 많이 느낄수록 호흡에 예민하다는 증거입니다. 훈련을 할수록 호흡이 점차 편해질 것입니다. 조급해하거나 뭔가 잘못됐다는 불안감을 버리고 자신의 평소 호흡에 가까운 적당한 속도와 깊이로 시작해 점차 속도를 늦춥니다. 최종적인 목표는 분당 6회 정도 호흡하는 것으로 합니다.

호흡에 주의를 기울이고 마음을 비우되 다른 생각이 자꾸 떠올라도 짜증을 내거나 뭔가 잘 안 되고 있다고 생각할 필요는 없습니다. 그저 그 생각들이 저절로 흘러가도록 두고 다시 호흡에 주의를 기울이면 됩니다. 그렇게 천천히 호흡하는 기분 좋은 리듬에 몸을 맡깁니다. 한 번 실시할 때 처음엔 15~20분 정도를 목표로 실시합니다.

깊게 천천히 호흡하는 연습을 하다 보면 졸음이 몰려오는 것을 쉽게 느낄 수 있습니다. 몸이 이완되고 부교감신경이 활성화되기 때문에 그렇습니다. 그러므로 호흡 훈련을 목적으로 한다면 아침에 씻고 난 후처럼 잠이 완전히 깨고 맑은 정신일 때 시행하는 것이 좋습니다. 또 반대로, 밤에 잠이 오지 않을 때 위의 호흡법을 시행하면 몸을 이완시켜 쉽게 잠드는 데 도움이 됩니다.

위의 호흡법들이 익숙해졌다면 일상생활 중에도 하루에 몇 번씩 호흡에 주의를 집중하여 배가 충분히 부풀어 오르도록 깊게 천천히 숨을 쉬어봅니다. 순간적인 스트레스를 받을 때나 잠깐 짬을 내어서 쉴 때 해보면 좋습니다.

때로는 힘내지 않아도 괜찮습니다

나는 당신에게 힘내라고 말하고 싶지 않다.

'힘내라 열심히 살아라'라고 격려하는 소리들만 넘치는 세상.

나는 도리어 이렇게 말하고 싶다.

"힘내지 않아도 괜찮다."

— 츠지 히토나리, 《사랑을 주세요》 중에서

늘 치열한 삶을 살아온 친구가 있습니다. 그는 주먹을 꽉 쥐
는 버릇이 있습니다. 무언가에 열중할 때나 다짐을 할 때 주먹
을 꽉 쥐던 것이 어느 순간 버릇이 되었다고 했습니다. 신체적

으로 지치고 정신적으로 괴로울 때 실제로 그는 늘 주먹을 꽉 쥐고 있습니다. 마치 손에 힘을 빼는 법을 잊은 사람처럼요.

이 책을 통하여 명상, 산책, 호흡법 등 여러 이야기를 했지만, 결국 이 모든 이야기는 다 힘을 빼는 법에 대한 것입니다. 늘 꽉 쥐고 있는 당신의 주먹으로는, 신이 당신에게 준 '현재'라는 선물을 쥘 수 없기 때문입니다.

소중한 사람이 지쳐 있을 때 위로해주고 싶은데 무어라 할 말이 떠오르지 않을 때가 있습니다. 내가 해줄 수 있는 것이 많지 않아서, 그저 '힘내'라고 말할 뿐입니다. 저는 제 주변의 소중한 사람들과 환자들을 생각하며 이 글을 썼습니다. 그들에게 말하고 싶었습니다. 힘이 나지 않으면 그것도 괜찮다고, 나는 그냥 당신이 하루하루 아프지 않게 살아갔으면 좋겠다고요. 이 마음이 당신에게도 전해졌으면 좋겠습니다.

그리고 당신 또한 이 책을 읽으며 누군가를 떠올렸으리라 생각합니다. 당신도 그 사람에게 마음을 전달했으면 좋겠습니다. 도란도란 걸으며 이야기를 나눠도 좋고, 당신의 손때가 묻은 이 책을 선물해도 좋겠습니다. 그리고 이렇게 말했으면 좋겠습니다. 나는 그저 당신의 모든 날들이 안녕하기를 바랄 뿐이라고 말입니다.

참고문헌

단행본

《피로사회》, 한병철 지음, 김태환 옮김, 문학과지성사, 2012

《양생학(한의예방의학)》, 전국한의과대학 예방의학교실 편저, 계축문화사, 2012

《국어국문학자료사전》, 이응백·김원경·김선풍 지음, 한국사전연구사, 1998

《소유냐 존재냐》, 에리히 프롬 지음, 차경아 옮김, 까치, 1996

《大學》, 박성규·주희 지음, 서울대학교 철학사상연구소, 2004

《활인심방-퇴계선생의 마음으로 하는 몸공부》, 이황 편저, 이윤희 역해, 예문서원, 2006

《자크 라캉-살림지식총서 340》, 김용수 지음, 살림출판사, 2008

《한의 신경정신과학》, 전국한의과대학 신경정신과 교과서편찬위원회 편저, 집문당, 2010

《주식회사 대한민국》, 박노자 지음, 한겨레출판, 2016

《마음챙김 명상과 자기치유(상)》, 존 카밧진 지음, 장현갑·김교헌·장주영 옮김, 학지사, 2006

《슬로 라이프》, 쓰지 신이치 지음, 김향 옮김, 디자인하우스, 2005

《니코마코스 윤리학》, 아리스토텔레스 지음, 조대웅 편역, 돋을새김, 2008

《한국인, 우리는 누구인가》, 권수영 外 지음, 21세기북스, 2016

《우리가 정말 알아야 할 우리 선비》, 정옥자 지음, 현암사, 2002

《유경》, 장개빈 지음, 법인문화사, 2006

논문

〈한의학 기반 건강 증진을 위한 미병 연구 동향〉, 이시우, 생명공학정책연구센터 전문가 리포트, 2014

〈공황장애 인지행동치료의 최신 지견〉, 서호준·이강수·이상혁·서호석, 대한불안의학회지, 2016

〈정신과 임상에서 명상의 활용 : 마음챙김 명상을 중심으로〉, 허휴정·한상빈·박예나·채정호, 신경정신의학, 2015

〈위빠사나 명상, 마음챙김, 그리고 마음챙김을 근거로 한 심리치료〉, 박성현, 인지행동치료, 2007

〈폭식행동의 치료〉, 김미리혜, 한국심리학회지, 2008

〈구강건조증 환자에서 음허 측정 설문지 절단점 개발 및 진단능 평가〉, 장승원, 경희대학교 학위논문, 2015

〈陰虛證 측정도구의 개발 및 신뢰도 타당도 검정〉, 이상재·박종배·이송실·김광호, 동의생리병리학회지, 2004

〈행복과 치유-아리스토텔레스의 『니코마코스 윤리학』의 행복 개념을 중심으로〉, 박병준, 철학논집, 2015

〈일주기리듬 수면장애〉, 한선정·주은연, 대한수면연구학회지, 2008

〈일주기 생체시계: 떠오르는 신약 표적〉, 손기훈, KSMCB Webzine, 2014

〈스트레스 관리 시 호흡치료의 이론적 근거와 기법 적용〉, 이평숙, 대한간호학회지, 1999

〈Ginseng abuse syndrome; problems with the panacea〉, Siegel RK, Journal of the American Medical Association, 1979

〈Caloric Restriction Delays Disease Onset and Mortality in Rhesus Monkeys〉, Colman RJ·Anderson RM·Johnson SC·Kastman EK·Kosmatka KJ·Beasley TM·Allison DB·Cruzen C·Simmons HA·Kemnitz JW·Weindruch R, Science, 2009

〈Monitoring heavy metals, residual agricultural chemicals and sulfites in traditional herbal decoctions〉, Yu IS·Lee JS·Kim SD·Kim YH·Park HW·Ryu HJ·Lee JH·Lee JM·Jung K·Na C·Joung JY·Son CG, BMC Complementary and Alternative Medicine, 2017

〈Mindfulness-Based Interventions for Obesity-Related Eating Behaviors: A

Literature Review〉, O'Reilly GA·Cook L·Spruijt-Metz D·Black DS, Obesity Reviews, 2014

〈Can mindfulness influence weight management related eating behaviors? If so, how?〉, Tapper K, Clinical Psychology Review, 2017

〈Beginning to see the light〉, Wirz-Justice A, Archives of General Psychiatry, 1998

〈A tryptophan-rich breakfast and exposure to light with low color temperature at night improve sleep and salivary melatonin level in Japanese students〉, Wada K·Yata S·Akimitsu O·Krejci M·Noji T·Nakade M·Takeuchi H·Harada T, Journal of Circadian Rhythms, 2013

〈Influence of breathing therapy on complaints, anxiety and breathing pattern in patients with hyperventilation syndrome and anxiety disorders〉, Han JN·Stegen K·De Valck C·Clément J·Van de Woestijne KP, Journal of Psychosomatic Research, 1996

휴식 수업

초판 1쇄 발행 2017년 6월 30일
초판 3쇄 발행 2017년 7월 19일

지은이   김찬
펴낸이   권미경
편 집   이윤주
마케팅   심지훈
디자인   김은영
펴낸곳   (주)웨일북
등록   2015년 10월 12일 제2015-000316호
주소   서울시 마포구 월드컵북로4길 30, 202호
전화   02-322-7187 팩스 02-337-8187
메일   sea@whalebook.co.kr
페이스북   facebook.com/whalebooks

ⓒ 김찬, 2017

ISBN 979-11-88248-04-9 03190

소중한 원고를 보내주세요.
좋은 저자에게서 좋은 책이 나온다는 믿음으로,
항상 진심을 다해 구하겠습니다.

「이 도서의 국립중앙도서관 출판예정도서목록(CIP)은 서지정보유통지원시스템
홈페이지(http://seoji.nl.go.kr)와 국가자료공동목록시스템(http://www.nl.go.kr/
kolisnet)에서 이용하실 수 있습니다.(CIP제어번호: CIP2017014347)」